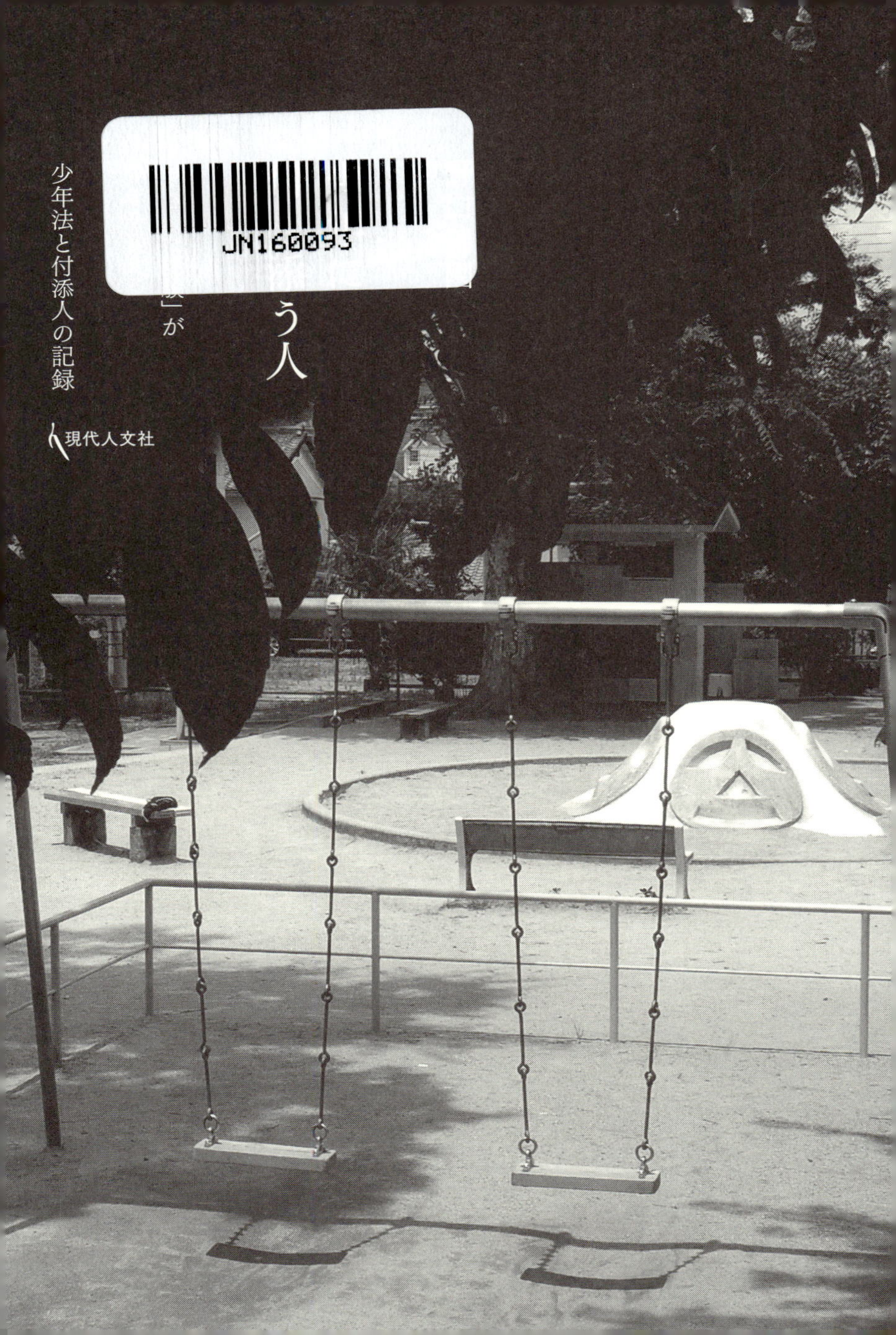



う人

」が

少年法と付添人の記録

現代人文社

# はじめに

私は、一九六五年大学入学と同時に、「(非行)少年の友だち」になろうという活動を始めた。その中で、尊敬する家裁裁判官や実務家と出会い、少年法というものの素晴らしさを自覚した。当時、浮上してきた少年法「改正」の動きに反対する活動にも参加するようになった。学生時代には家裁の少年審判の裁判官になろうと決心したが、その夢はかなわず、一九八〇年に弁護士となった。弁護士になってからはずっと少年事件に取り組み、保護司としての活動も続けてきた。

思えば、少年との交流を始めてから六〇年になる。今の私を育ててくれたのは、すべてこの少年たちであったと断言できる。

家裁の少年事件において刑事弁護人に相当する仕事に就く人を「付添人」と呼んでいる。私は付添人の職務とは、単に少年に付き添って審判に出席することではなく、「少年の心に寄り添う」ことであると確信している。

付添人として、保護司として、交流のあった少年は計三百名を超える。私はこの仕事をこれまで続けてこられたことに、言葉にできぬほどの喜びと満足を感じている。少年の人生のために、実際にどれだけのことを成しえたかと問われるとあまり自信はないのだが、少年たちから大きな希望や勇気をもらってきたことは間違いない。

非行を犯した少年たちは、いわば世間の厄介者と言われる存在ではあろうが、どの子も素晴らしい成長の可能性を持ち奇跡を起こしうる人たちである。

そのような少年たちの立直りを支えてきた制度こそが少年法なのである。思えばこの六〇年、私は少年法に従って行動し、少年法を守る活動をし続けてきた。ところが少年法はこの六〇年の中で、大きく変質されようとしている。少年非行の数は減少しているのに、少年に対し、より厳罰を求める声は収まらない。それは少年たちの実像が世の人々に理解されていないからである。

非行少年、特に重大な事犯を繰り返すような少年たちは一言でいえば「愛された感覚を持てない」、自己評価の低い子どもたちである。少年たちに「愛された体験」をさせられれば必ず少年たちは成長していく。私は六〇年間、この事実を実感してきた。

少年法が骨抜きになる危険も高まっている今、私が交流してきた少年らの実像を紹介するとともに、少年問題に携わる人々の活動、少年法「改正」の実像を広く皆様に知っていただきたく、本書をあらわす決意をした。

本書に登場する人物は皆実在の人たちで、私の行ってきたこともすべて事実を記載しているが、少年たちのプライバシーを守るため、一定の変更をしていることをお許し願いたい。
また、以前の私の著書（『それでも少年を罰しますか』（共同通信社、一九九八年）、『歌を忘れたカナリヤたち』（共同通信社、二〇〇五年）、『親をせめるな』（教育史料出版会、二〇〇九年））に登場している何人かの少年たちも本書で再び登場していることもご了解いただきたい。

二〇二五年三月三一日　野口善國

# 目次

# 凡例

▼判例・裁判例は、たとえば「最高裁判所令和七年四月一五日判決」の場合、「最判令七・四・一五」と記した。

▼年については、原則として、西暦で表記した。

▼註は、註番号近くの頁に傍註として示した。

▼［↓●頁］とは、「本書の●頁以下を参照」を意味する。

▼本書に登場するケースは、実際に著者の担当したものであり、登場する人物は実在の人たちであるが、少年たちのプライバシーを守るため、個人が特定されないように変更を加えている。

▼カバーも含めて本書に掲載した写真は、登場人物とは無関係である。

# 第1部 どんな子も変われる

## 少年たちの実像

# 第1章　心に残る少年たち

## 1　初めての冤罪事件——八王子暴走族事件

弁護士になって二年目、初めて本格的な冤罪事件を経験した。

ある時、両親と少年が、私の勤務する東京の事務所にやってきた。

少年はこれまで暴走族に加っていたというが、少し元気は良いがごくふつうの少年に見えた。その両親も、まじめな、平均的な会社員の家庭という感じの人たちであった。家族仲も良さそうであった。

事件の概略は次の通りである。

Aという暴走族が暴走行為で多数検挙された。その一人が、他にどんな人間がいたかと警察官に問われ、対立していたBという暴走族の名を挙げた。その供述により、A暴走族の他のメンバーにも追及が始まり、結局B暴走族も参加していたという調書が作成された。

その供述調書には先頭を走っていた者、次に走っていた者、最後に走っていた者等の名前が詳細に記され、オートバイの色まで明確に記述されていた。警察はB暴走族のメンバーを呼び出し、追及した。当初は皆、否認をするが気の弱いメンバーは身に覚えがないのに、ついに嘘を自白した。それらの調書をもとに警察は、B暴走族の代表格の少年を逮捕し、自白を迫った。その少年は無実を主張したが、自分の家は弁護士を雇う金がないからと抵抗を諦め、嘘の自白をして少年院に送致された。

私たちが付添人となったY少年は、いわばBグループでは〝ナンバー2〟の立場にあった少年であった。

私たち付添人は、担当の家裁裁判官に面会を求め、Y少年はその日、暴走に参加していなかったことを説明した。するとその中年の裁判官は怒り出し、その机の上にあった三〇センチメートルもの厚さの書類を叩きながら「こんなに証拠があるのに、何を言うんですか」と声を荒げた。

しかし、暴走の当日、Y少年は、自分のオートバイを修理に出しており、それに乗れるはずはなかった。また、Y少年のアリバイを証言してくれる人もあった。さらに、警察官が暴力と脅迫を用いて取調べに当たったことも証明された。

実はY少年は、取調べの当日、録音機を忍ばせており、その取調べの模様が録音されていた。そこに録音されていた警察官の声は次のようなものであった。

「何！　お前、否認するのか。それなら道場へ来い（「道場で暴力を振るう」という意味）。お前なぁ、それなら今日泊っていくか。逮捕と言うのはなぁ、十分な証拠はいらないんだ。相当な証拠があれば逮捕はできるんだぞ」

Y少年の無実は証明され、非行事実なしとして不処分決定がなされ、すでに少年院送致されていた少年の保護処分も結局取り消された。裁判官の心証をもっとも大きく動かしたものは、取調べの警察官の発言を録音したテープであろう。一般に、裁判官、特に刑事裁判官は捜査機関に大きな信頼を持っている。被告人の弁解の多くはつごうの良い自己弁護ととらえる裁判官は多いように感じる。多くの裁判官は、捜査機関は多少不適切な捜査をなしたとしても重大な違法行為をするはずがないと思っている。その当時の統計を見ると刑事事件の無罪判決の率は〇・二％程度であったから、裁判官の大半がそもそも無罪判決を一度も経験していなかったことになろう。

刑事裁判官のうちかなりの人々は、違法な取調べによる冤罪事件などは極めてまれと考えている。家裁で本件の審理を担当した裁判官も多分そう考えていたろう。

しかし、捜査官が明白に、逮捕や暴力をちらつかせて、少年に自白を強要している様子を聞いて、衝撃を受け、本件捜査に対する重大な疑いを持つに至ったと考えられる。そのうえ、対抗するA暴走族が、Y少年の乗っていたというオートバイの型や色まで供述していたのに、その事件当時そのオートバイは修理屋にあったということも、A暴走族の供述の信用性をくつがえす材料となった。

A暴走族とB暴走族は、それまで何度も抗争をくり返していたし、少年は「ケツモチ」と言い、最後尾を走る者で、一番先頭を走る「ハタモチ」についで暴走族内で高い位置にあって目立っていたので、A暴走族は少年のオートバイやその走行の様子をよく知っていた。したがって、A暴走族は取調官の誘導的取調べに迎合してY少年のことを詳細に供述していったと考えられる。

その当時、保護処分が確定し、少年院に収容されている少年の処分が取り消しうるかどうかについては争いがあり、この事件をひとつの契機に、後に最高裁の判断(「みどりちゃん殺し事件」最決昭五八・九・五刑集三七巻七号九〇一頁)が示され、実務的には非行事実が存在しないときは、確定している保護処分も取り消されることが明白になった。この八王子暴走族事件は吉峰康博弁護士が中心となり、私を含め数名の弁護士が担当したが、この若手弁護士らがその後の少年法改悪阻止の活動の中心となっていく。

　これ以降、私は四件ほど、刑事事件の無罪に相当する「非行事実なし」の審判を受けた。

## 2　いつも嘘をつく少年

　保護観察で受け持った少年の中で、約束を絶対に守らないという少年がいた。少年の家は母一人子一人の母子家庭であった。あまり豊かではないので、母親は働いて家計を支えるのが、精一杯で、働かずにブラブラしている少年をもてあましているという感じで、かわいがっているという様子はあまりみえなかった。

　少年は反抗的な態度を見せないが、あまり真剣に人の話を聞いていないというように見えた。「何月何日何時に行きます」と少年は約束するが、その時は絶対に来ない。それでは、こちらが「何月何日に行くよ」と言って、行ってみるが必ずいない。絶対に来ないのかというと、約束もしないのに突然、事務所にやってくることもある。

どうしたものかと妻に相談すると、「何か好きなことをやらせてみたら」と言う。そこで、「釣りに行くから何日何時に家に行くから待っていなさい」と指示をしておいた。その日が来て、その時間に少年の家に行くとやはりいない。「また、騙されたか」とがっかりして自宅に帰ると、妻が「あの子はもう二度もやって来て、『早く行かないと潮が変わってしまう』と心配していた」と言う。そんな話をしていると少年がやって来た。同じ年頃の女の子まで連れている。三人で釣竿を持って海岸に歩いていく途中で、少年は少女に対し、「お前なぁ、この人はこんな格好してるけど、ほんまは偉いんだぞ。ほんまは弁護士なんだぞ」と言っている。そのうち、少年がポツリと言った。「こうやってると昔お父さんと釣りに行ってるみたいや」。これを聞いて、そうかと思った。スーツを着て弁護士バッジをつけた私が、少年に上から目線で説教をしていたのだ。少なくとも少年はそう感じていて、「何か叱られるかもしれない」と心が重かったのではないのか。その証拠に、自分から少年がやって来るときは、何か褒められるときであった。たとえば、「先生、今日は仕事を探しにハローワークに行ってきました」などという具合である。ところが、少年は魚釣りが好きで、自信があった。釣りをしていれば私に叱られる心配はないのだ。

私はその時こう思った。「少年は理由なくして嘘はつかない。好きなことをさせれば必ず約束を守るものだ」と。

これ以降、私は少年と食事に行ったり、ボーリングに行ったり、バッティングセンターに行ったり、とにかく少年と楽しい時間を過ごすことを心掛けるようになった。

少年は、その後二年間ほど、保護観察期間を過ごした。大きな事件は起こさなかったが、一時は少女のヒモとも言えるような生活をしており、必ずしも「良好」とまでは言えない状況であった。

しかし、とにかく私と親しくなったのは事実で、約束をすっぽかすということは減っていた。しまいには、子犬を拾ってきて、私の所で飼ってくれと言ってきた。私の子どもたちがその犬を気に入り、うちでその犬が死ぬまで飼う結果となった。何とか、再犯を起こさずに、二年間の保護観察期間を過ごすことができたのは、私と親しくなったからと言えるのではないか。

## 3　気の弱い番長

もう四〇年近く前の話になるが、番長で暴走行為をくり返し、ちょっとした傷害事件を起こした少年の付添人となった。父は真面目な公務員で、母はとても優しい母という感じであった。家に行ってみると、天井に五センチメートルくらいの穴がいっぱい開いている。これは何かと聞くと、少年が腹を立てると木刀で天井を突き刺し、穴を開けるという。社会記録を閲覧すると、学校からの報告書に、ＰＴＡからの要望もあるので、少年を早く少年院に入れてほしいとある。当時は社会記録の閲覧は自由であった（社会記録の謄写については特別に許可が必要だった。最近は捜査記録の謄写も、謄写の範囲を限定するよう求められたり、社会記録の謄写をまったく認められなかったりという傾向がある）。それまで、学校はなるべく警察の介入を避けるという考え方が普通であったが、この頃から、警察と協力するという姿勢が目立っていった。校長の報告書によれば、少年は中学三年生ながら一八五センチメートルという長身であり、多くの子分を率いて、学校では思うがままに振る舞っているという。

とにかく、鑑別所に接見に行くと、たしかに長身だが番長と言う割にはおとなしく見える。私は一六〇センチメートルにも満たないチビだが、「君、腕相撲しようか」と言うと、情けなさそうな顔をして、「僕、本当は気が弱いんです」と言う。結局は私が手加減したのか、少年が手加減したのか、引き分けだったように思う。きっと私は、「おぉー、なかなか強いやんか」と言ったと思う。

裁判所に頼んで試験観察で出してもらったが、学校は彼が来るのを嫌がっている（恐がっていたのか？）のであるから、そう簡単に学校に帰すわけにはいかない。校長に頼みに行き、「しばらくは私が家で指導するし、学校に戻ってからも私が責任を持つ」と言うと、校長はしぶしぶ、「まぁ、義務教育ですからね」と受け入れてくれた。

私は家で少しは勉強させようとしたが、中学三年生になってもやっとアルファベットが書けるくらいで、"This is a pen."も怪しい程度である。これでは勉強ばかりさせようとしても無理である。何か遊びをしようということになり、「トランプは？」と聞くと、ババ抜きしか知らないという。私は、大貧民やポーカーを教えて二人でしばらくやってみた。割と楽しそうにやっているので、父母も仲間に入れてすることにした。多少は賭けのようなことをしたら面白かろうと金貨のチョコをたくさん買ってきて、それを皆に配り、それを賭けてトランプをした。非行少年というと、遊びのことはよく知っていると思っていたが、悪いことは知っていても「良い」遊びは知らないようである。

少年が、少し落ち着いてきたので、彼を学校に返し、学校に彼の様子を見に行った。ところが学校で会う彼は、家での彼とはまったく違っていた。目を怒らせ、肩をそびやかし、子分を二、三人引き連れているのである。そうして、校長から話をされて困ったことは、彼が子分と授業を抜け出し、チューインガムなどを賭けてトランプをしているというのである。

父母は、一体どうしたらよいのかと困り果てていて、「どうしたらよいでしょう?」と言う。私は、「本人にはすべて私が注意します。二人はとにかく仲良く楽しそうにしていてください」と頼んだ。

彼とは勉強もそこそこに、食事に行ったり、ボーリングに行ったりして過ごしていった。彼の暴走行為はなかなか止まらず、友人の一人はついに少年院行きとなった。彼のほうは、試験観察期間は無事に過ごしたが、また、傷害容疑で逮捕され、再び鑑別所収容となった。運よくそこを出てきた彼は、「このままここにいたら僕は皆に引きずられてまた悪いことをしてしまうから」と言い出し、東京に出て行った。その後、数カ月に一回、私が上京する際に彼と会っていた。すると、彼は自分で見つけた就職先が気に入り、社長から、「よく働く」と評価され気に入られた。いつの間にか暴走族との交際もなくなり、立派な社会人として今も真面目に働いている。

この少年の場合、東京に行ったことにより、それまでの良くない交友関係から脱し、就職した会社の社長から評価されたことで、自信を得たことが立直りの最大の原動力となったと思われる。

また、両親を励まし、少年が居心地の良い家庭を作るようにした結果、少年の親に対する暴力はなくなり、親子関係が改善されたことも立直りの一因となった。

## 4 鑑別所に突入

もう三〇年も前のことになるが、少年が鑑別所の塀をのりこえて侵入したという事件が発生した。鑑別所から逃げ出そうとする少年はいると思われるが、自分から鑑別所に入ろうとするなど前代未聞の事件である。取調べの検察官がカンカンに怒って、「絶対に少年院に入れてやる」と息巻いていたという。

しかし、面会してみると、ごくふつうの少年で前歴もない。両親に会っても、ふつうの会社員の家庭と思われ、親子関係の問題は見つからなかった。わけを聞くと、彼女が鑑別所にいるので会いに行ったところ、「親族でもないので」と面会を断られ、彼女に会いたい一心で、つい鑑別所に侵入してしまったという。「重大」事件の割にはごく幼稚な動機で、ある意味わかりやすい。彼が鑑別所で審判を待っている間、彼女はとっくに自宅に帰された。すっかりしょげている少年に対し保護観察の審判がなされた。

少年のやったことだけを見れば、とんでもない事件であるが、よくよく少年の話をきけば、この事件は少年の幼さが一番の原因と言える。

審判後、少年は保護観察を受けていたが、その後、私が直接少年と接しなければいけないほどの問題性を感じなかったので、少年とは会っていない。両親には少年のことで何か、困ったことがあったら、いつでも相談に来るように言っておいたが一度も相談はなかった。何事もなく保護観察を終了したようである。

その頃は、こういう無鉄砲な事件は結構多かったように思う。深夜、オートバイに乗って、鉄道線路の上を爆走していて逮捕された少年もいた。集団で暴走する事件も当時はまだ多かったように思う。しかし、そういう少年たちも皆、成人してからはまともな社会生活を送っていることが多かった。

## 5　俺はお前と勝負している

シンナー吸引をくり返し、母親に暴力をくり返すとして、珍しく、虞犯（犯罪ではないが犯罪を犯すおそれのある状況)で鑑別所収容となった少年がいた。

両親は、二人とも常識のある温和な人たちであり、ふつうの会社員の家庭である。本人は一人っ子で、一六歳の無職の少年である。一見ややヤンキー風で、虚勢をはるような少年である。

彼は実は養子で、母が少年の生まれたすぐ後に、事故死したために、母の姉(すなわち伯母)夫婦の養子となった。しかし、そのことは少年には告げられず、中学三年生の時、ちょっとしたことで警察に補導された際に、どういうわけか、突然担当の警察官に、「お前は養子になっている」と聞かされびっくりした。

養父、養母は少年を大事に育てていたが、養母はきまじめで、しばしば少年に小言を言っていた。少年は自分が養子であることを知り、養母が口うるさく言うのは、自分が本当の子ではないから、自分のことを良く思っていないと思い込むようになった。それ以降、少年はシンナー吸引をくり返し、注意する養母に暴力を振るうようになった。

家に行ってみると、シンナーのせいで畳がボロボロになり、変色していた。そのうえ、養父母は本人を育てる自信がないという。

そこで、私は、しばらく少年を預かり面倒を見ることにした。私の家に少年を泊らせるわけにもいかず、私の家の近くのアパートを借りようとしたが、阪神淡路大震災の影響でなかなかアパートが見つからなかった。仕事のほうは、私の知人の建築会社の社長さんが雇ってくれることになった。

結局、当分、私の事務所近くのビジネスホテルを借りて、少年をそこに泊らせ、そこから働きにいかせることにした。しかし、ずっと一人でいさせるとさびしくなってシンナーに手を出すおそれがあるので、私は毎晩少年と夕食をともにすることにした。そうして初めの数日は、私も少年と同じホテルに泊まりこみ、朝少年が仕事に出かけるのを確認してから私も事務所に行くことにした。すると、釈放されて二、三日後に少年は、

「先生、本当は僕はもっと悪いことをしているんです。毎日恐喝をしていました。出かけるときは電車ですが、帰りは金があるのでいつもタクシーで帰っていました。それに人を刺したこともあります。覚醒剤も……」

と言い出した。

少年は審判廷では、裁判官に、「シンナーはこれまで何回くらい吸っていたのか」と聞か

れ、「二、三回です」などと大嘘を言っていたのである。私は、少年の告白にびっくりしたが、次のように答えた。

「さすがに人を殺していたら、私でもどうしようもないが、よく本当のことを言ってくれたな。私ができる限りのことをするから安心しろ」

その後、雇主にアパートを見つけてもらい、そこから仕事に通うようになった。保護観察を担当する保護司には私がなった。私が観察所に特にお願いしたのである。

そのようにして、無事に数カ月が過ぎた。すると、少年は養父母の所に帰りたいと言い出した。私はそれには反対であった。その時の彼の回復はまだ完全ではなく、家に帰ると、また元の状態になると判断したからである。しかし観察所の意見は、

「これまで何カ月もまじめにやっているし、他ならぬ親権者の所に帰ると本人が言い出し、親権者もそれを希望するなら保護観察所がそれをとめるわけにもいかない」

というものであった。

そういうわけで、少年は私の保護観察担当を離れ、自宅に帰った。三、四カ月も経ったであろうか、私は少年が心配になり、少年を呼び出して夕食をともにした。

ところが、後日の養父母の話では、その晩彼は家に帰って養母にこのように述べたという。


「今日は、先生がとても怖かった。僕はもう先生に見はなされた」


翌日、少年はシンナー吸引で再び逮捕された。

私は彼を叱ったことは一度もない。ただただ少年を心配していただけである。

とうとう少年は少年院送致となった。私が少年院に面会に行くと、彼は次のように述べた。


「僕は先生を裏切ってまた悪いことをしてしまったのに、なぜ先生はまた来るのですか」

私は答えた。

「馬鹿野郎。俺はお前と勝負しているんだ。お前がとことん悪くなって俺が諦めるか、お前が良くなるのか、俺は勝負しているんだ。そんな簡単に負けられるもんか」

彼は、「それは、先生が勝つよな」と答えた。

しかし、少年の更生の道筋はそう単純ではなかった。仮退院後、少年は「先生の一番嫌っていることをしてしまった」と言いながら、組関係に入ってしまったり、少女に子どもを産ませてほったらかしにしたり、といろいろなことがあった。

しかし、二〇代後半からだんだん落ち着いていって、建築などのまともな仕事に就くようになった。少年は今はまじめに働いている。とにかく、彼を絶対に見捨てないという私のメッセージは届いていたと思う。

## 6　いきなり成績がトップクラスに

　ある日、一人の母親が相談に来た。「息子が先生を殴って、『退学だ』と言われている」と言う、母一人子一人の母子家庭であった。経済的には裕福で、母は教養のある人であった。少年本人を呼んで話を聞くと次のような事情だった。

　ある朝、少年が駅で下りて、バスに乗ろうとしたとき、遅刻しそうであわてていたので、他の人が並んでいるのに気づかず、前にいる人を無視して先に乗りこもうとした形になってしまった。その時近くで、生徒らの乗車を見守っていた教師に引きずり下ろされた。それでカッとなって教師を殴ってしまったという。

　教師が生徒を殴っても、けがをさせない限り、せいぜい減給くらいだが生徒が先生を殴れば大問題になる。その学校は、地域ではまず名門の学校であるから今まで先生を殴るような生徒はいなかった。学校が怒るのもわからないではない。しかし、少年にはまったく処分歴もないのに、いきなり退学とは少々厳しすぎる。少年は女生徒らもいる目の前で、ぶざまなところを見せねばならなかったことに逆上してしまったともいえる。

そこで、私は学校に行き、校長に会いお願いしたり、半ば脅かしたり（たとえば、退学になれば訴訟するなどと）して退学だけは許してほしいと要求した。無期停学にしてもらえれば私が責任をもって指導し、その効果が出ないようならば自主退学の届けを出すと約束した。校長はしぶしぶながら、無期停学にして下さった。

問題は、少年をどのように指導するかである。どんなことがあっても手を出したほうが負けだということは言ってきかせるにしても、それだけでは反省したとまでは評価されないであろう。そこで、私が週に二回家に行き勉強を教えることにした。

しかし、英語や現代国語くらいは何とかなるにしても、もともと私は数学が大の苦手であり、それに受験勉強をしてから三〇年以上も経っている。少年と二人で数学の教科書とにらめっこしても二時間やっても二頁くらいしか進まない。ましてや漢文などは、私は高校では選択していなかったのでチンプンカンプンである。しかたがないので、いわゆる学習参考書を買ってこさせ、それをいっしょに見るくらいしかできない。

すると、母親はこのように言っていた。

「私は先生に申し訳ないんです。だってあの子は先生が来てるときしか勉強しないいんです」

しかし、二カ月近く、一応〝まじめに〟しているということで復学が許された。私は、学校に様子を見に行き、校長に面談したところ校長曰く、「もう二年生の二学期というのに授業態度が悪いんです。先生からも注意してください」。私は平謝りに謝まるしかなかった。

ところがである。その学期の少年の中間考査の点数が前回の試験と較べて全科目平均で二〇点も上回ったのである。私が驚いて、彼にどうしたのかと聞くと、「一週間眠らずに勉強した」と言う。彼の勢いは止まらず、三学期の実力考査ではなんと学年のトップクラスに躍り出た。一学期はまん中以下の成績であったのに、まさに奇跡というほかにない。

体育の教師には〝補習〟と称して、毎日放課後、他の生徒が見ている前で何周も何周もグラウンドを走らされた。それは何とか頑張り耐え続けた。しかし、今度はバイクに三人乗りしていたのが学校にバレてしまった。その時はさすがに少年は、「もうやめたい」と口にした。私は、「お前は先公に負けるのか」と励まし、退学を何とか思い止まらせた。後から聞くと、彼は、「野口先生にここまでよくしてもらったのにまた失敗して、先生に申し訳ないし、自分が情けなくなった」とのことであった。最終的に良い成績で卒業し、希望の大学に進学できた。さすがに校長も「よく頑張った」とほめてくれたという。

少年は大学を良い成績で卒業し、有名な大企業に就職し、結婚し、子どもも生まれ、安定した幸せな生活を送っている。自分の学習能力の高さを発見し、それがあらゆることへの自信につながっていったのだろう。

## 7　まるでお姫様

一八歳の少女の覚醒剤事件があった。家庭はごくふつうの中小企業経営者の家庭である。いろいろな事情があったと思われるが、父親は同居しておらず、実質的には母親と少女だけの母子家庭であった。母はかなり自己主張の強い人で自分の考えを娘に押しつけがちであった。少女はふつうに話しているといわゆるお嬢さんという雰囲気で、常識も年齢相応に身につけていた。ところが、家に行き彼女の部屋を見て驚いた。

映画で見るような豪華なベッドの上に、お姫様のベッドのような天蓋がかけられており、周囲の家具も見たところ高そうなものばかりである。

少なくとも、物理的な環境としてはまるで〝お姫様〟である。

一人っ子ということもあるのか、親から見れば「溺愛」しているつもりであったろう。しかし、母親は、娘の一挙一動に注文をつけ、娘の言うことには耳を傾けようとしない。

少女の事件の背景には、少女の母に対する不信、反発があるものと考えた。調査官と相談して試験観察の補導委託にしてもらった。怪しげな人が出入りするような場所を避け、怪しい人と連絡が取りにくいような場所を選んだ。田舎の小さなレストランが選ばれた。当時はあまり携帯電話が普及していなかったのか、携帯電話を取り上げたのかどうかは覚えてないが、近くに公衆電話もなかった。

逃げ出すかと心配していたが、観察期間中、まじめにレストランの仕事を手伝い、事故もなく試験観察を終了した。少女は自宅に帰り、大学の法学部に進学した。男子少年も時々手紙をくれるが、女子少年はよく手紙をくれる。

少女の手紙には、

「私は今一人ぐらしをして勉強をしています。民法など特に難しく大変です。でも頑張って、できたら先生のような弁護士になりたいです。私が今、信用できる大人は先生だけです」

単純な私は、これでついホロリとなる。しかし、司法試験に合格したという報せは今のところない。

ケースとしては一応成功といえる。彼女の場合は母親との関係がうまくいかず、自分の性的魅力を武器に、あまり好ましくない男性たちとの交際に走っていたのが、そういう関係を一時的にせよ断つことができた。それが成功の原因と言える。ただ、母親の娘に対する態度にあまり変化がなかったのは、今でも心配である。

## 8　ふすまは刺し傷だらけ

中学三年生の少女が、軽微ではあったが傷害事件を起こし試験観察となった。家裁から特に難しいケースとして名指しで法テラスの費用負担での付添人を頼まれた。担当調査官は若い女性の調査官であった。少女は、この調査官に反発していたようで、「あの人はブランドのバッグを得意そうに持ち歩いてるんだ」などと悪口を言っていた。

その調査官は、別の事件の少年について、私が、「この少年は、いわゆるアダルトチルドレンですかね」と言ったところ、「そんな上等のものではないです」とはき捨てるように言っていた。具体的にはわからないが、少女に対しても、心に刺さるような見下した言動を調査官がとったのかもしれない。

母子家庭で、少女の兄はもう就職し独立していた。少女と母親と祖父、祖母が一緒に暮らしていた。少女は、いわゆるヤンキー風で、当時流行していたスケスケのスカートをはいていて、私や通行人を驚かせた。ただ、私から見れば虚勢ははっているが、まだ幼さの残るかわいい少女に見えた。

少女の家に行って見ると、ふすまに、何か刺し傷のようなものがいっぱいある。少女に聞くと、母親が腹を立てると包丁でふすまをブスブス刺すのだそうだ。トイレの扉には大きな穴が開いている。これはどうしてと聞くと、それも母親のしたことと言う。ある日、母親が深夜、酒を飲んで帰り、「あんたがいるから私は不幸になった」と言いながら寝ていた少女の頭を蹴り出した。少女は、恐くなってトイレに逃げこんで鍵をかけた。母親は逆上し、置時計をトイレのドアにぶつけて大穴を開けた。

少女は、携帯電話で近くに住んでいた少女の兄に助けを求めた。兄は駆けつけてきて母親を殴りつけた。すると、母親は二階から地面に飛び降りて足を骨折した。

私は、これはなかなか困難な事件だと感じた。

少女の家は、母子家庭であったが、祖父母も同居していた。私は、この家庭を少しでもなごやかな、楽しい雰囲気にしたいと考え、皆ですき焼きをして、私と一緒に食べようと提案した。肉は私が持っていくので母に野菜を用意しておくように、と指示した。そうして、夕食会が開始された。

すると、すぐに祖父が何が気にいらないのか、どなり出し、私がなだめてもひどくなる一方なのである。いわゆる酒乱というものであろう。もう食事どころではない。母親の兄(少女の伯父)が別な所に住んでいたので、伯父に事情を聞いた。伯父の話では、「父(少女の祖父)は昔から暴力的で、今でも私を、棒を持って殴りにくる。だから、私は家を出たのです」と言う。

そこで、私はまず、この家の経済状況を安定させようと考えた。母親はかつてスナックのホステスとして働いたことがあるものの、今はほとんど無職の状態であった。私は生活保護を受給させようと考えたが、相当な事情がなければ保護も簡単には受けられない。私は、母親を精神科医に受診させ、何らかの診断書をもらい、それを理由に就労不能ということで保護を申請することにした。知りあいの精神科医にもひどい暴力などの事情を話して、協力を得られることになり、生活保護の係にも下話をしておいた。ところが、母親は、「私はそんな病気ではありません」とがんこに主張し、病院に行こうとしない。私は、再び医師と生活保護の係に電話をし、診断書がなくても保護申請を受けつけてもらう段取りをした。そのうえで、母親を事務所に呼び事情を説明し福祉事務所に行かせることにした。

しかし、私は心配であったので、私の事務所のベテランの女性事務員を付き添わせた。ヤレヤレという感じで事務所で待っていると、事務員が帰ってきた。「大変な状況でした」と言う。その話では、母親は福祉事務所の係の態度が悪いと言って暴れ出し、いすをひっくり返したり、私が土産に持たせたぶどうをそこら中に叩きつけたりした、という。生活保護の申請どころではない。逮捕されなかったのがせめてもの救いである。

そうこうしているうちに、少女は、また暴行事件を起こした。高校一年生の先輩が、その友人とこじれて暴力を振るった。その時、少女は先輩の助太刀をしたというのである。むしろ、その先輩こそ主犯であるが、先輩は保護観察で家に帰ることができたのに、少女は長期少年院送致であった。私は抗告は諦めた。

あまりにも家庭環境が悪く、他に頼れる開放的施設も個人も見つけることができなかったからである。

それから数年後、彼女から電話がかかってきた。今東京で彼氏と元気に暮らしているという。「彼が司法試験を受けたいと言っているが、どういうふうに勉強をすればよいのか教えてほしい」と言う。

その後、連絡が絶えてしまったが、悪い家庭環境から離れて幸せな人生を歩んでいくことを祈っている。

結局のところ、私の力が及ばず、失敗に終わった事件といえる。事件当時は、「この親こそ少年院に入れたい」と本気で思ったものである。少女の家庭環境があまりに悪かったと考えているが、何年もたっているのに私のことを覚えていて、相談をしてくれたことに、少しだけ救いを感じている。

## 9　この子は絶対逃げますよ

一九歳の少女が強制わいせつで逮捕された。女性にはちょっと珍しい事件である。この事件も少女に特に身寄りというべき人がいないということで、家裁から頼まれて、法テラスの援助を受け、付添人になったものである。結局、父母とは連絡をとらずにすんでしまったが、典型的なネグレクト、虐待の家庭と思われる。少女は少なくともあまりくずれたところは見えないが、口数少く、自己肯定感が低く、やや投げやりな様子がみられた。

事件は次のようなものであった。少女はソープランドで働いていたが、同僚の一人が「所持金がなくなった。誰かに盗まれた」と言い出した。同僚の中に、精神発達遅滞の女性が一人いた。その人はその障害のため、うまく自分の考えを表現できなかった。被害を訴えていた女性は激怒して、障害のある女性を裸にしてしまった。少女はその行為に加わったというものである。本当にわいせつ目的があるのかと疑われる事件でもあり、少女は初犯でもあるので、調査官も何とか在宅でと考えていたが、身元引受人がいない。

少女の両親は、少女が小学一年生の時に離婚し、少女は母に引き取られた。しかし、母が再婚すると義父に性的虐待をされ、祖母に引き取られた。

その後、少女は夜尿がなおらず、小学校四年の時から養護施設に預けられた。少女は一六歳の時、施設を逃げ出し、風俗で働きながら一人で自活してきた。したがって、保護者といえる人はいないのである。もちろん、少女は母に引き取られることは拒否していたし、母の意向も同様であったろう。

私が少女に鑑別所で面会したとき、私が、「今まで会った人で誰か信頼できる人がいなかったのか」と聞くと、少女は、「施設のA先生」と言った。A先生は神戸からはかなり遠い施設の方であったが、わざわざ審判に出て来てくださった。ところが、A先生は開口一番、「この子は絶対に逃げます」と言うのだ。

私も、調査官も頭を抱えた。幸い、理解のある特別養護老人ホームの施設長のXさんが、ボランティアとして少女の面倒を見てもよいと言ってくれた。そこに、今まで風俗でしか働いたことのない少女を預けて、定着をさせることなどできるのか、私にもまったく自信はなかった。

私と調査官はこのように話しあった。

調査官　「この子は逃げるでしょうね」

私　「そうですね。逃げるよね。でも、今まで国はこの子のために何もしてやらなくて、この子は一人で生きてくるしかなかったんです。逃げると思うけど一回くらいチャンスを与えるのが国の義務じゃないですか」

調査官　「そうですね。まぁやってみますか」

ところが、彼女は逃げなかった。それどころか、仕事を一日も休まなかったのである。一回だけ門限に遅れたが、それ以外まったく問題は発生しなかった。嬉しい誤算であった。少年たちはこのように予想以上の成長をして私たちを喜ばせてくれることがしばしばある。

我々からすれば、奇跡のようなことがなぜ起こったのかを考えてみると、まず、この高齢者施設の施設長の男性が彼女を理解し、優しく受けいれてくれたことである。次に、彼女が、初めて他人に積極的に評価されたことである。彼女の仕事ぶりにお年寄りたちが口々に、「ありがとう」と言ってくれた。

少女はおそらく、それまで他人から心から、「ありがとう」と言われた経験はなかったのではないか。一六歳の時からずっと風俗で働いてきた彼女に心から、「ありがとう」と言ってくれた人はいなかったであろう。

お年寄りからのお礼の言葉は、彼女に大きな喜びと自信を与えたと思う。

# 10　二〇年償い続けた少年

高校生のグループが友人の少年を殴り、その少年が死亡する事件が発生した。私が担当した少年は暴行には加わっていないが、現場にいて、同じグループであるとして家裁に送致された。少年の家庭はごくふつうの会社員の家庭であり、両親は常識をわきまえた、優しい父母である。少年も小さい頃から精神的にも、経済的にも、安定した環境で成長し、それまでまったく問題を起こしたことはない。一口で言えば、ごく平均的な高校生で、むしろまだ幼いという印象であった。少年は暴力を振るわなかっただけでなく、特にグループ内で積極的に動いていたものではなく、従っていただけという役まわりであった。したがって、鑑別所にも送致されなかった。

しかし、いやしくも人の命が失われた事件である。賠償という金銭的な償いや形式的な謝罪ですませられる問題ではない。

私は裁判官と相談して、親子を連れて被害者の集会に参加した。そこに、今回の事件と同様に、友人に殴られて死亡したという生徒のお母さんが来ておられ、壇上でこのように述べた。

「もちろん私は息子を殴った子が憎いです。しかし、それを黙って見ていた子たちはもっと憎いです」

これを聞いて、少年も母親も、私も驚いた。正直に言って少年たちも私も、「手を出さなかったのだから罪は(手を下した者)より軽い」と思っていたからである。

私は、どうすれば少年が自分の犯した罪を自覚できるのか考えてみた。まず、毎月遺族に会い、謝罪を続け、そのたびごとに謝罪の手紙を書かせた。

初めの頃の手紙は「悪いことをしました。ごめんなさい」という程度の短いありふれたもので、遺族の心を慰さめうるようなものではなく、私も少しは手を加えざるをえなかった。しかし、そのようなことを三〇回はくり返したと思う。後半では、少年に少年本人の供述調書を読ませ、その事件当時自分はどう考えていたのか、その時自分はどうすべきだったのか、被害者はその時どんな気持ちだったろうか、書き出させることをくり返した。また、しばしば事件の現場を訪ね花を供えた。しかし、当然と言えば当然であるが、土地の所有者から苦情が来た。

そこで、遺族の了解も得て、別な土地に観音様を建てることとした。あるお寺に協力を得て、その敷地の一部に観音様を建てた。初めのうちは、遺族もお参りされることがあったので、そこで出会わないように、お参りの日を互いに調整した。

少年はしだいに事件や自分のことを冷静に見つめるようになり、被害者がその時、感じた恐怖や母一人子一人で育てた被害者の母が感じ続けている悲しみを、リアルに感じられるようになった。その頃、少年が書いた遺族への手紙の抜粋をあげる。


「春休みに入り野口先生といっしょに××さん（被害者のこと）にお参りさせてもらいました。○○駅から△△（地名）に通じる道を××さんはどんな気持で歩いていったのかを考えて歩いてみました。まったく知らない土地に一人で来る××さんはとても孤独で大きな不安だらけだったに違いありません。××さんがその日歩いた道を真下に見下ろす観音さまは××さんのご冥福を祈って永遠にお守りしているだけではなく、毎日この道を通るたくさんの人たちを見守ってくれていると思っています。僕もまた、毎日、××さんに手をあわせ、自分の犯した罪をわびて冥福をお祈りしています。現場に植えた桜の木も三年の月日で少しづつ成長しています。時々、両親とそこに行って世話をしています。桜の木がいっぱいに花を咲かせるように世話をしていくことが××さんに対してできる謝罪の一つだと思っています。

三年前、××さんはどんな気持で一人で電車に乗り現場に向ったのだろうかと僕は一人で考えました。人の話し声も耳に入らず、外の景色も目に入らないほど恐ろしい不安を持って電車に乗っていたのではないでしょうか。僕は、一人で電車に乗って現場にお参りしてこようと思います。そうすることで少しでもその時の××さんの大きな不安と孤独感に近づけるのではないかと思います。

このたび、ご遺族と示談をさせていただきました。僕たちの罪、そして××さんの命をお金で推し量ることは決してできません。特にお腹を傷め生んでくれたお母さんにすれば××さんは、自分の命より大切だったことを僕は一生忘れません。

私も一生懸命努力して、一人の人間として恥じない人間に成長していく決意です」

その後は、毎年、特定の仏教のお祭りの日に、私と少年とその家族そろってお参りを続けている。事件後もう二〇年もたち私も七八歳になったが今後も歩ける限りは一緒にお参りをするつもりである。

もちろん、かなりの賠償金を支払ったが、少年の教育の意味を考え、そのうちの幾分かは少年が就職してから数年間、自分の給料から支払わせることとした。

少年は大学を出てから七年間、自分で賠償金を支払い続け一度も怠ることはなかった。もちろん、その間再非行はまったくなく、現在は青年実業家としてがんばっている。

元々非行性の少ない少年であり、両親の十分な愛を受けていたので、立直りには好条件であった。

## 11　妊娠七カ月でネットカフェ暮らし

一九歳の少女の保護観察を担当することがあった。少女は、少年院を仮退院し保護観察となったのである。少女は四姉妹の末っ子である。父母が数年前に離婚し、父の所在は不明である。その後、母も病死してしまった。少女は一八歳の時、少年院を仮退院したが、ある男性と同棲するようになり妊娠してすぐに別れてしまった。当初は別な保護司が担当していたが私が代わって担当することになった。会ってみると、一見明るくあっけらかんとした少女である。

三人の姉のうち二人はすでに家を離れていたので、次姉と暮らしていた。次姉は結婚することとなったので、他府県に引越すことになり、「家賃を余分に払うことができないから」と言い、二人が住んでいた家の賃貸借契約を解約してしまった。しかたなく少女は少しばかりの所持金を使いながら、ネットカフェで暮らし始めた。私は何とか生活を安定させ、安全な場所に住まわせようと考え、生活保護の係を訪ねた。しかし、担当者は「三週間以上はかかります」と言うのである。「少女が妊娠七カ月なので、とりあえず安心して住める住居を確保してくれ」と頼んだが、「ホームレスの一時保護所のような所しかない」と言う。あれこれとこちらがねばってもどうにもならない。

私は困って、ホームレスの世話をしているボランティアの団体「神戸の冬を支える会」に頼みこみ、何とかアパートの入居をはたした。ところが、少女は家具を何も持っていない。そこで、顔見知りの司法修習生たちに協力してもらうことにした。

司法修習生とは司法試験に合格し、裁判官、検事、弁護士になるために、一年間見習いのような仕事をする人たちで、国家公務員に準じた立場の人たちである。その人たちは何カ月間か各地の裁判所、検察庁、弁護士会（法律事務所）で修習を行い、最終的には埼玉県の司法研修所に集められる。そうすると、皆短期間で地方から東京に、引越していくことになるので洗濯機や冷蔵庫、テレビなど処分していく人が多い。その余った家具を集めてもらった。私は運転ができないので、軽トラを借り、修習生に運搬までしてもらった。そのアパートで生活しているときに少女は無事女児を出産した。

保育園に赤ちゃんを預け、元気に働いていたのは確認したがその後は知らない。少年院での生活を除けば、この頃が彼女にとってもっとも安心して生活できた日々であったろう。保護司として担当したケースについては、保護観察期間終了後は、相手の方から積極的に相談してくれば相談に乗ることもあるが、こちらから積極的に連絡をとることはしないのが一般的なので、この少女とはその後連絡がとだえている。

少女の話では、どういうわけか両親は、「また女の子か。女の子はもういらん」と徹底的に彼女を差別したという。上の姉三人はふつうにごはんを食べていても、少女には食べさせてくれなかったという。小学校以後は学校の給食が頼りだったという。夕方になると友人宅を訪ねて、お菓子を食べさせてもらったり、食事をさせてもらったりしたという。うすうす彼女の家庭の事情をわかって食事を与えてくれた人もいたであろう。

児童相談所に誰も通報しなかったのか不思議に思う。いったい学校の先生は何を見ていたのだろうか。

問題は土日祝日、夏休みなどで、給食のない日である。それに毎日毎日友人宅に押しかけるわけにもいかない。彼女は、お腹が空いてがまんができないときはドッグフードを食べていたという。少女の両親は飼い犬にドッグフードを買う金があっても、自分の娘に食事をさせなかったと聞くと、何ということかと血が逆流するのであるが、少女に保護の手は及ばなかったのである。

## 12　ついに司法書士に

以前交流のあった少年が数年ぶりに電話をかけてきた。「先生にちょっと挨拶に行きたい」と言う。やってきた元少年が、「これです」と言って何か書類を見せた。見ると司法書士の合格証書である。この元少年にもいろいろな思い出がある。

ある日、顔に青あざのある夫婦が事務所に相談に来た。息子が暴れ、暴力を振るうというのである。もちろん、何とかしてあげようと思ったが、問題はどういう名目で少年に会うかである。いくら弁護士と言えども、少年が望みもしないのに、いきなり家に行って説教したところで効果はあまり期待できない。何らかのきっかけを作って少年に会いに行こうとしていたら、まもなく少年（当時、中学三年生）が逮捕された。学校で暴れて先生の車をぶちこわしたという。私が鑑別所に会いに行ったときの彼の私に対する印象は次のようなものであった。

「いつ（鑑別所を）出たいんですかって聞かれたんです。僕は卒業式までに出たいと言いました。あと当時手の甲にあった入れ墨を見て『これくらいだったらたいしたことない』って。僕を一切否定しなかったんです。とりあえず分かりましたと帰られました。『何しに来たん、このおじいちゃん』って思いました[1]」

私は、少年に誰か話のわかる先生はいないのかと聞くと、彼はA先生と言う。そこで、私は彼の中学校に行き、校長先生とA先生に面談した。私は、A先生に、「彼はA先生が、頼りにできる人と言っています」と言うと、A先生は不思議そうな顔をして、「そうですか。私はずいぶん彼には辛く当たっているのですが」と少し当惑気味ではあったが嬉しそうであった。私はそれを見て、「この子は絶対に良くなる」との確信を持った。少年は、A先生が本当に彼のことを考えて叱ってくれている、とわかっていたのである。

そこで、私が責任をもって監督するので学校に戻してほしいと両先生にお願いした。そうして、家庭裁判所に観護措置決定を取り消してもらい彼は学校に戻ることができた。

卒業式直前、私はお礼かたがた、校長先生に会い、彼の様子を聞いた。すると、校長先生は、「あの子が子分をつれてきて、卒業式をめちゃくちゃにすると言ってるらしいのです」というのである。私は、「指導できないのですか」と聞くと、「もう無理です」と言う。そこで、私は、「私が何とかします」と言って、卒業式の前日、少年宅を訪ねた。

私は、「若い時に馬鹿なことをするヤツは多いが、最後まで馬鹿なことをしてるヤツは本当に馬鹿なんだぞ。最後に決めるところは決めるのが男だぞ」と言って、のちに天下をとった織田信長が斎藤道三に面会した例を持ち出した。「信長は道三に会う前はだらしないかっこうをしていたのに、道三に会ったときはきちんと正装して道三を驚かした」と話したのである。私の話に納得したのか、シブシブだったかはわからないが、私は少年から

1　神戸新聞「〈成人未満・第5部　やんちゃの果て〉有弘(2)転機　僕を一切否定しなかった」二〇一三年九月三〇日。なお、記事のタイトルにある「有弘」という名前は仮名である。

特攻服を取り上げた。

少年は、「ここにもあります」と言って、もう一着も差し出した。その当時、刺繍がついて、腕に日の丸をつけたド派手な特攻服が流行っていたのだ。

私は翌日の夕方、やはりそれでも心配になり、校長先生に電話した。「友だちに別な特攻服を借りて暴れてしまったかもしれない」と思ったのだ。ところが、校長先生は「どうもありがとうございました」と嬉しそうに次のような話をしてくれた。

卒業式では一人ずつ壇上に上って校長から卒業証書を受け取った。彼の番が来て、校長先生が彼を見ると、きちんと制服を着ている。校長先生は嬉しくなって思わず、手をさし出した。すると、少年も手をさし出して壇上で二人でしっかり手を握りあった。少年の配下の少年たちは、「番長が校長と手打ちをした」と喜んで拍手をした。すると、それにつられて満場の生徒、保護者が少年のために拍手をしたというのである。

まるで映画のようなシーンだ。それだけで彼が立ち直ったわけではないが、自信を取り戻すきっかけのひとつになったことはまちがいない。

少年は、それまであまり通学もしていなかったので、単位制高校に進学することとなった。私は少年が中学卒業後も一緒にプールに行ったり、食事をともにしたりしていた。すると、一年後に彼はクラス代表に選ばれた。卒業するときは、卒業生総代に選ばれた。そうして彼は大学の法学部に入学したのであった。

## 13 一緒にサッカーを

もう一〇年あまりになろうか。学校で暴れて困るという中学三年生男子を引き受けることとなった。教師にも生徒にも暴力を振るうし、三階から飛び降りようとするという。彼は、父と二人暮らしであった。父は温和な人で、仕事をしながら家事一切を負担していた。その父も、「(担任の)先生は毎日、息子が『こんな悪いことをした』とか、『あんなことをした。授業に参加しなかった』とか悪いことばかり電話してくるのでもう嫌になります」と困っているようである。本人は、私にはごくふつうの中学生のように見えたが、学校では〝キレる子〟と思われていた。

しかし、よく事情を聞いてみると、少年が荒れるもっともな事情があった。彼が小学生の時、父母は離婚した。兄と幼児であった弟は母についていったが、父が好きな少年は父の元に残った。母は、別の男と暮らし始めた。その男は、弟をいじめ殺した。高校生になった兄は自殺した。男は刑務所に送られたが、母は末期のガンでいつ死ぬのかわからぬ状況であった。

このような状況で平静でいろという方が無理な注文である。彼をどうやって落ちつかせたらよいのか、何か好きなことをさせ、達成感を味あわせるのがよいであろう。勉強は苦手のようだから、彼が好きだというサッカーを二人でしよう、ということになった。彼の自宅近くの公園に行って二人でサッカーのパス回しをしたり、ヘディングなどをやらせてみたりした。私は、中学生の時に少しばかりサッカーをしていたので、練習の相手くらいはできた。しかし、狭い公園では練習もあまり面白くない。私は、事務所の近くの大きな公園でサッカーをしようと彼に提案し、神戸駅の改札で待ちあわせることとした。

たまたま、校長先生が、「自分が担任をしていた生徒が昔お世話になりました」と全面的に協力をしてくれることとなった。私はサッカーボールを持ち、ジャージ姿で少年を待っていた。すると、それを見た依頼者から事務所に電話がはいった。「今、先生みたいな人がボールもって神戸駅で立っているんですけど……」と。もう歳なので、ついにボケたかと心配されたのである。すると、少年が養護の先生に付き添われてやってきた。迷子にならないようにとの校長先生のご配慮であろう。私は二人だけでやっても盛りあがらないと思い、少年の母親と同世代と思われる、私の事務所の女性弁護士にむりやり、「とにかく、うまい、うまいとほめてくれたらいいんだ」と頼みこみ、観客役になってもらった。公園に三人で行き、二人でサッカー（練習程度だが）をして、その後、三人で食事をし、「君はすごいなあ」と女性弁護士と二人で彼をほめた。

担任の先生は、非常に几帳面なまじめな人で、何とか自分の力で少年を立ち直らせようと頑張っていて、いつも少年の行動を父に電話してくるのであった。しかし、父にとってはそれが苦痛であった。そこで、私は、担任の先生に次のように話した。

「先生、どんな悪いことがあっても父親には電話しないでください。私に全部言ってください。私が責任をもって指導します。でも良いことがあったら父親に伝えてください」

少年には次のように話した。

「お父さんは頑張ってくれてるだろう。ごはんの炊き方くらいは私が教えるから、自分でやってみなさい。たまには洗濯もやってみたら」

毎回ではなくとも、少年が少しでも家事をしてくれると、父はとても喜んでいた。校長先生は何かと少年に気を配ってくれていた。

体育祭が行われたときに、校長先生が根まわしをして（と推測しているが）、体育祭の組体操のときに少年を一番上の目立つところに立たせた。そうして、その写真をとって校内新聞のトップに掲載してくれたのである。

このような学校の協力のもと、少年の暴力はなくなり、無事に中学を卒業していった。少年は幸いにして父親から愛されているという実感は持てていたし、学校で先生たちから大事にされ、評価されたことが立ち直る力となっていたろう。

## 14 一〇回以上も整形手術をくり返す

知りあいの弁護士から、一九歳で少年院にいる子の社会復帰の手助けを頼まれた。少年院で会ってみると、色白の可愛らしく、言葉使いも礼儀正しい子だった。彼女が後から話したところでは、「ネコをかぶってた」とのことであるが、その演技はなかなかのものであった。彼氏とともに覚醒剤を使用していて、初犯ではあるが少年院送致となった。

父は中小企業の経営者であり裕福な家庭であるが、父母は離婚していた。離婚後は母に育てられたが、母から暴力等の虐待も受けいったんは児童相談所により保護され、高校の入学後は父に育てられた。しかし、父に再婚相手が見つかると、父は再婚相手に気をつかったのか、彼女は一人暮らしをさせられるようになった。彼女はお金には困らなかったが、一人で暮らすのがさびしくなったのか彼氏と同居するようになり、二人で覚醒剤を使用したのである。

彼女は、少年院では成績優秀で事故もなく仮退院した。

しかし、あくまでも父は引き取りを拒否し、母については彼女が拒否していた。当面、元のマンションに暮らすこととなった。

少年院は、仮退院なので当然保護観察となる。担当保護司はやさしそうな中年の男性保護司である。

仮退院して一、二カ月ほどたったろうか、彼女は腹痛を訴えて入院することになった。両親はどちらも様子を見にくることさえしない。私は彼女が入院するときに付き添い、退院するときにも付き添ったが、両親は一度も見舞いにすらこなかった。本人は父親をしたっていたので、父親に、「もう少し娘さんに愛情を示してほしい」とやんわりとお願いしたがまったく聞きいれてもらえなかった。

将来のことを彼女と話しあっているうちに、大学に行きたいと言い出した。もともと頭の良い子と思われたので、私も受験に賛成した。それから受験勉強を私が指導することにしたが、大学受験レベルとなれば英語くらいしか私に教えられることはない。ためしに過去の大学入試に出題された英語の問題をやらせてみると何と一〇問中一〇問正解であった。そこで見事志望の大学に合格し入学したが、コロナのためほとんど講義がない。あまり空白の時間があると危いと思ったので、大学提出のためのレポートも私が見てあげることにした。そのかいあってか彼女の成績はかなりの上位となって、大学院に行くなどと言い出すほどであった。授業が始まると、元のマンションから大学までは距離があると言うので引っ越すことになった。

引越しのための荷物の整理も一人では大変だから「手伝って」と言われ、少々甘やかしすぎとは思うが準備状況をのぞきに行くことにした。本人のマンションに行くと意外にきちんと整理され、掃除も行き届いているように見えた。衣類もきちんと整理されていた。

そこまではよかったが、パンツまで持ってくるので、さすがに、「自分の娘でもないのに、パンツまでさわるわけにもいかん。それは自分だけでしなさい」と言った。父に反発はしていても、本当は、父親的な愛情を求めていたのではないだろうか。それを裏付けるように、彼女は自分の父親くらいの人を〝彼氏〟にしたがって自分から次々に男性に近づいていった。一時は、妻子ある男性が好きになり、「先生に紹介したいから一度会って」と言ってきた。しかし、妻子ある男性、それも父親くらいの男性とつきあってうまくいくとも思われない。どうせ後で二人はもめることになると思ったので、「君と彼氏がもめたときに、私はあくまで君の味方をするつもりだから今会うわけにはいかない」と言って断った。そのうち二人は別れてしまった。すると、彼女はまた別の男性を追いかけ始めた。そのうち、「もっともっときれいになりたい」と言って整形手術をするようになった。もともと生活費は十分もらっていたのだが、手術代を得るためにバイトも始めた。ひさしぶりに会うと一見わからなくなるような変わりようである。私が、「今で、十分かわいいのに、もういいんじゃないか」と言っても手術をやめない。まるで手術代を稼ぐためにのみ働いているという様子である。

そうこうしているうちに、彼女は、「先生が私たちを別れさせたんだ」と言い出して、対応に困った。父親が、お金ではなく愛情を与えてくれれば、彼女はきっと変わっていけると思っている。

しかし、実際には、彼女は父からも、母からも愛してもらえなかった。母に会いに行くと、警察まで呼ばれて追い返された。父はまったく、彼女のマンションを訪れることはなかったし、自宅に迎え入れることもなかった。正直言って、彼女の今後に自信が持てない。

## 15　立派な両親なのに

これまで、親に問題があると思われる事例ばかりあげてきたが、そういう事例ばかりではない。

ある時、一九歳の大学生が強盗傷人ということで逮捕されてしまった。罪名からしても重大事犯であり、一九歳という年齢もあって刑事処分相当として逆送決定がなされた。両親に会うと二人とも高校の教師で、子どもの問題にも非常に理解のある、愛情深い人たちであった。私は「なぜこんな立派な親の子が」と考えこんでしまった。

この事件は、親の問題を考える点でも学んだことが多かったが、裁判官の対応については疑問に思うことが多かった。

少年はこれまで一度も取調べや逮捕は経験していなかった。大学にも、まじめに通っていた。しかし、罪名が重大事案であったせいか、調査官は短期少年院送致との意見をつけた。一方、裁判官は事案が重大として刑事処分を相当としたのである。当時は強盗傷人は法定刑が懲役七年以上であったので刑期が二分の一に減刑されたとしても懲役三年六月以上となり、執行猶予をなしうる限界の懲役三年を上回るので実刑は免れない。

その事案は次のようなものであった。

少年は大学の先輩（成人）から、「ヤンキーを脅かして金を巻きあげよう」と誘われた。少年は冗談だと思って適当な返事をしていた。しかし、先輩から、「今から行くぞ」と言われ怖くなったが、「嫌だ」とは言えずについて行った。

少年は体は大きく、柔道二段の腕前であったが、小中学生の時はひ弱く、また両親から「絶対に人に暴力を振るってはいけない」と指導されていたので、暴力を含むいじめを受けてもずっと耐え続けてきた。高校生になり、いじめられないようにと柔道を始めてたくましい体になっていた。

少年は、先輩に逆らうのが怖いという気持ちもあり、昔のように弱虫と思われたくなかったという気持ちもあった。

先輩に連れられて、街に出たが適当な〝エモノ〟は見つからなかった。すると、先輩はたまたま通りかかった三〇代の男性を見つけ、「あいつをやる」と言い出した。少年は震えながら、被害者に「ゴメンネ、ゴメンネ」と言いながら、被害者をはがいじめにした。その時、先輩が被害者の顔面を殴りつけ負傷させ、被害者のカバンを強取したのである。

当時の〝相場観〟からしても、短期少年院ならしかたがないところであるが、三年六月以上の刑務所生活はあまりに酷である。

ところで、少年法には逆送決定(検察官送致)自体には争う手段は規定されていない。裁判官が逆送決定した以上は地方裁判所での刑事手続の中で、少年法五五条による家裁送致を勝ち取るしか道はない。これはなかなか困難であり、その当時、全国で年間一〇件ほどしか少年法五五条の決定はなされていなかったのである。

そこで、私はまず保釈を勝ち取ることにした。成人に主導された事案であり、少年は従たる地位にあったこと、前科前歴もなく、監督も十分になしうることなどを主張し、当時としてはかなり高額の五百万円の保釈金を納め保釈決定を得た。

保釈後は、まず私がある程度基本的な訓練をすることにし、少年に仕事をする基本の心がまえを教えたり、対人関係をスムーズにするため初めの二週間あまりは私の事務所で働かせ、地裁の係属部に少年自身の書類を持って行かせたりするなどした。しかし、ずっと事務所で働いていると甘やかしともとられるので、ある高齢者施設でボランティアとして働かせることとした。

そうして、公判期日においては、調査官報告書の意見を強調し、調査官の証人申請までした。少年を刑事処分にしなくとも更生が可能なことを立証するためであった。結果的に証人採用はされなかったが、家裁での裁判官の強引な進め方が問題視されたようで運良く少年法五五条の家裁送致の決定を得た。

少年の家庭の問題が何なのかは、当初いくら考えてもわからなかった。たまたま少年を我が家に呼び家族とともに食事をすることがあった。我が家では、あまり父親に権威がないので、私が何かの意見を言っても子どもたちは口々に反論をしてくる。その雰囲気に少年は驚いた様子であった。少年の家庭では父母が頭ごなしに叱ることはなく、父母は私から見て二人とも立派で、暖かな眼差しを持つ教師であった。父母は生まじめで家庭で子どもたちにすきを見せることはなく、常に模範的な親であった。少年は親を尊敬していたが、親に対して自分の意見を言うということがほとんどなかったようだ。一言で言えば、〝嫌と言えない〝子であったのだ。
私が、両親に言ったのは次のようなことであった。

「家では教師であることは忘れなさい。自分たちの弱点も子どもたちに見せなさい。少しくらい馬鹿にされるくらいでよいのです」

その後、少年は大学を卒業し、福祉施設に就職し、結婚して、円満な家庭を築いている。

## 16 〝だっこ〟の重要性

私は、子どもを非行から救うためには、親に愛されているとの体験をさせることが必要だと思っている。親が子どもにまずなすべき具体的行動は子どもをだっこすることだと考えている。チンパンジーの赤ちゃんは泣かないという。なぜなら、チンパンジーのお母さんは赤ちゃんを抱き続けていて離さないからだという。[2] 人間の赤ちゃんは、「だっこしてもらいたいから泣く」という。日本抱っこ法協会という団体もあるようだ。

大きくなった子をだっこするのは不可能だが、そのような気持ちが必要だと思う。ある少女の事件で家に行ってみて驚いた。すべてのふすまがボロボロで、ほとんど紙がないくらいである。母一人子一人の家庭であるが、母はうつ病とのことであった。彼女は、小学校一年生の頃から母に代って家事一切をしていたという。

ところが、母は、「あんたのために私は不幸になった。死ねばいいのに」などとしょっちゅう彼女を叱り暴力を振るったという。彼女は成長すると人並み以上の体格となり、母の体力を上回ってきた。すると、今度は彼女が母に暴力を振るうようになり、腹が立つとふすまを蹴ったり、殴ったりしてボロボロにしたという。

私は、このような所に少女を返すわけにいかないと思い、母親に対し、「私がこのふすまを何とかしよう。そうしないと娘さんが落ち着いてここに住めない」と述べた。ところが、彼女は少年院送致となってしまった。すると、母から電話が来て、「先生がふすまを直してくれると言ってたけど、どうなりますか」と言ってきた。この親は、娘よりフスマが大事なのかと少々ムッとしたが、少年院から帰ってきたときの少女のことを思い、フス

2　松沢哲郎『アイとアユム―母と子の700日』（講談社、二〇〇二年）三八頁。

マを直してあげた。

彼女が少年院から仮退院したときに、担当の保護司になる予定の女性が面会時の彼女の様子を話してくれた。その方が面会を終わるときに、ちょっと少女の肩を抱いたところ、少女が号泣しはじめたという。

少年院を退院してから、彼女と会ったとき、彼女はこのように述べた。

「私は腹が立っても、先生が直してくれたふすまだけは手を出さないようにしています」

その後、彼女は結婚して二児の母として平和に暮らしているようである。

私が試験観察を見守っていた別の少女は、再非行があり少年院に送致され、その後仮退院した。その後の彼女の様子を母親はこのように語った。

「家に帰ってからも何かと不機嫌で、すぐに反抗していました。ある晩私が、なんだか急に娘がふびんになり、思わず肩を抱いたのです。すると、娘が電流にうたれたようにビクンと反応したのです。その後、娘の態度が変っていきました」

これもだっこの重要性を示すひとつの事例である。

## 17 阪神淡路大震災時の少年の活躍

阪神淡路大震災当時、三人の少年の強制性交（強姦）事件を担当していた。現在ならまず少年院送致だが、かなりの額の賠償金を支払い、何とか試験観察に持ちこめて在宅となっていた。震災発生後、一、二週間は交通も途絶し、会うこともできなかったが、数週間後、三組の親子と会うことができた。すると、母らが口々に、私の子がこんなに立派だったのかと、見直したというのである。どういうことかと聞いてみると、少年ら親子は被害の中心地にいたが、けがをせずにすんだ。しかし、周囲の家の多くが倒壊し生き埋めになった人も多くいた。息子はその人たちを必死で助けてまわったという。帰ってくると、もう口もきけないくらい疲れている状態だったという。そんな時でも、どこどこに人が埋まっていると聞くと、必ず飛び出していって必死に人を助けていたというのである。

常識で考えると、とんでもない少年たちであるが、活躍の場があれば、誰に言われなくてもがんばるのである。それは、〝非行少年〟に限るものではない。当時、高校生であった私の息子も、学校が避難所になり授業が休止している間、毎日のように避難所に行ってボランティアをしていた。友人とともに一時間以上自転車に乗り、避難所へ向かい、そこに人手が足りていることがわかれば、他の避難所を探すのである。誰から指示されたわけでもなく、頼まれたわけではなく、子どもたちによるまったくの自発的な行動であった。その当時、〝指示待ち人間〟という言葉が流行っていたが、子どもは活躍する場が与えられれば誰に言われなくても活躍するのである。

少年たち三人の試験観察の結果が、皆良好に終ったことは言うまでもない。活躍する場が与えられ、そのことで感謝されれば少年には大きな励みとなり力強い支えとなる。

## 18　ある触法事件

中学一年生の女子生徒の触法事件を頼まれたことがある。罪名は強制わいせつ致傷で、女性には珍しい事件である。父は、実直な自営業者である父は、子どもたちを大変かわいがっていた。母は、明るく心優しく、子どもに細かい配慮のできる人であった。少女の下には小学生の妹が二人いた。

少女は幼い感じのする子で、発達の遅れというほどではないが、身体的にも精神的にも子どもらしい子ども、という子であった。ただし、勉強やスポーツは他人よりがんばる子であって、まじめで、すべての面で良くできる子であった。

事件は次のようなものであった。

少女は同年の友人の少女（Yとする）の家に遊びに行った。二人はボーイフレンドの話やセックスの話を始めた。ところが少女はまったくそのような経験はなかった。しかし、少女も仲間の話やSNSなどで性についての断片的な知識があり興味は持っていた。また、その年代の少女は背のびしようとする年齢でもあるので、知ったかぶりもしていた。Yは、実際には性体験はなかったのではないかと思われたが、いかにもそれがあるような、一種の自慢話をした。少女はそれなら、今ここでやってみようと言い出した。少女は、しぶるYを全裸にしてしまったが、少女は性体験はもちろん正しい性の知識もないので、どうしたらよいのかわからなかった。そこで、近くにあったほうきの柄をYの性器に挿入してしまった。

Ｙの母が警察に届け、少女は警察から児童相談所に〝保護〟され、家裁の審判を受けることになった。

私が調査官と協議したところ、調査官は、

「児童相談所も、両親にはあまり反省がなく養育態度にも問題があると言っている。その問題のひとつに夜間母親が不在がちということがある」

しかし、母が働きに出るようになったのは、数カ月前からであった。それは、新築の家を購入したので、そのローンの支払いを楽にするため母がパートに出るようになったのである。母は夕方五時に家を出て、帰りは九時過ぎになるが、夕食の準備はしておくし、留守の間は母方の祖母が近くに住んでいるので来てくれて、子どもたちのめんどうを見てくれている。

私が家に行ってみると、きれいに片づいているだけでなく、あちらこちらに子どもが喜ぶような飾りつけもしてある。子どもたちの誕生日会やクリスマスの日の楽しそうな家族写真がボードにはってある。

小学生の子どもたちが作った七夕飾りや願いごとも飾ってある。妹たち二人も、父母に親しそうにまとわりついている。

父母が子どもたちにやさしく気を配って、話しを聞いてやっている様子もわかった。私は、少年を今後どのように導いていくかについて、児童相談所の指導を受け入れ、積極的にその指導方針に従っていくことによって、児童相談所の信頼を得ることにしようと提案し、両親もそれを受け入れてくれた。

私は、両親が児童相談所のケースワーカー、カウンセラー（児童相談所の常勤弁護士も参加していることが多かった）の指導を受けるときも、必ず同行して、児童相談所の方針を両親に正確に伝えることに努めた。

最近の子どもたちは、ＳＮＳや雑誌などで性の断片的情報には多く接しており、早くから性に興味を持っているが、学校や親の教育はそれに追いついていないのではないかと感じる。性の問題の社会的な意義、精神や身体に与える重大な影響などは子どもたちはあまり理解していないのではないかと思われる。

家庭の親子の様子や児童相談所での両親や本人の様子も、調査官には書面や写真、あるいは口頭でも十分に説明し、親子関係は問題のないことをわかってもらおうとしたが、調査官はあまり興味がなさそうな対応であった。

私は、調査官に、「家に行って、両親と妹たちの様子を見れば親子関係に問題はないことがわかる」と説明したが、結局、調査官は家を訪問することはなかった。

裁判官は、「家庭にあまり問題はないが、やったことがやったことだから児童自立支援施設に送致する」と述べた。調査官は審判にも姿を現さなかった。

不思議なことに、施設が混みあっているとかの理由で、少女はいったん自宅に帰らされ、三週間後に施設に送られた。少しの恩情をかけられたのか、いいかげんな対応なのか理解しかねた。「問題があって家庭には置けない」と児童相談所も調査官も言っていたのに、三週間も自宅に居させるのはどういう理由だったのだろうか。

たしかに、「やったことはやったこと」というのはひとつの論理であるので、高裁でこの論理を覆すのは困難であると判断し、抗告は諦めた。できる限り早く、少女を家族のもとに帰らせる。これを第一に考えることにした。

ところが、児童相談所によると、兵庫県では児童自立支援施設では中学三年卒業まで施設ですごすことになっているという。「何を根拠にそのような仕組みになっているのか」と児童相談所に聞いても答えはなかった。大阪府など他府県の仕組みを調べると、兵庫県のようなルールは採用されていなかった。長期少年院でも一年ほどで仮退院が認められるのに、少女の場合、本人や家族がどのように頑張ったとしても二年数カ月も施設ですごさねばならない。もちろん必要があれば二年でも三年でも収容が続くということはある程度理解ができる。しかし、「どんなことがあっても中学卒業まで施設にいなければならない」というのは理不尽である。

また、少女は他府県の施設に収容されてしまったので、中学校卒業の証明書(卒業証書)は他府県の証明書である。少女は、自宅の近くの高校に進学するので、友人から卒業した中学校を聞かれると、不審に思われ施設にいたことを知られてしまう可能性がある。私は、何が何でも少女を中学校卒業前に地元に返す(ただし、被害者とご両親の心情、不安に配慮して他の中学校に転校することを前提としていた)方針を決めた。

すべての関係者に早期の家庭復帰を納得させようと決意したのだ。

一番の基本は少女本人に内省を深めさせ、事実の重大さ、被害者へのつぐないの必要性を理解させることである。しかし、単なるお説教では少女の心は動かせない。まずは少女の防衛の意識を弱め、私と楽しいひとときをすごしたという気持ちの中で内省を深めさせることにした。

私は、毎月はるばると県外の少女の施設に行き、二人だけで他愛のない話をしてから、少女の好きな遊びをすることにした。少女は、トランプが好きだと言うので、毎回トランプをした。時には寮の先生も入ってくれて皆でトランプをした。

そうした後に、宿題として作文を書かせることにした。初めの頃は事件とあまり関係のないテーマを出した。たとえば、「男と女は役割はどう違うのか」、「世の中の人は一般には、セックスを人前にさらさないが、それはなぜか」などというぐあいである。そのようにして、数回目からは、事件のことについて少しずつ聞いていくのである。初めは、「事件を起こす直前は自分はどんな気持ちだったのか」などと聞いていき、次に、「相手はその時どんな様子だったのか」などと聞いていく。最終的には、「自分は被害者のために何ができるのか」、「それで被害者やご両親が満足するだろうか」などと聞いていくのである。

毎月、その作文を私の事務所に送らせ、次の面会の時にそれについて話しあうのである。この様子は毎回、作文とともに報告書にして児童相談所に伝えていた。また、毎月家庭を訪問し、両親と今後のことを話しあい、それも児童相談所に毎回報告した。児童相談所が両親を指導するというときは必ずともに児童相談所に行き、両親が児童相談所の助言を理解し、助言に従えるように、児童相談所と両親との間に立って、両親に児童相談所の考えを説明し、一方では両親の努力を理解してもらえるよう児童相談所に説明していた。施設の寮の先生には、少女の成長ぶりを説明してもらい、それも児童相談所に報告した。

このようにして、ついに中学二年生の一二月に、異例のことであるが、少女を家庭に戻すことができた。少女の成長や親の努力が成功の原因といえるが、もともと少女の非行性が低かったともいえるし、私のしつこさに児童相談所がうんざりしてしまったことも一因となったろう。

## 19　一カ月二万円で暮らしている子

三、四年前のことであるが、次に登場するA子に相談された。年下の友人がネットカフェで暮らしており、そこを追い出された。どこか行く所はないのかという。私はその頃、一〇代の少女のためのシェルターの理事長をしていたので、そこに来ないかと話をした。

そのA子の友人という少女は次のような生活をしていた。

母親が少女に、「一カ月に一度だけなら家に帰ってよい」と言い、その時に二万円だけくれるという。その当時、一日五百円でいられるネットカフェがあり、そこでは、ジュースが飲み放題であった。少女は毎日そこで生活し、ジュースばかり飲んで暮らしていた。一カ月で残金は五千円しかない。それでは入浴する金もない。毎日何をやっているかというとスマートフォンばかりをいじっていた。スマートフォンの使用料は、母の口座から引き落としになっていたので、スマートフォンだけは自由に使えたのだ。しかし、入浴をめったにしないため、体から悪臭を発するようになり、他の客が店に文句を言うようになった。それで、彼女は、店からの退去を求められたのである。

私は、A子を通じて、その少女にシェルターの生活のきまりを伝えた。シェルターでは自由な外出はできず、スマートフォンは取り上げられ、退所時まで保管される。

すると、少女は、「スマートフォンを取り上げられるなら、行くのは嫌だ」と主張し、その後連絡が途絶えてしまった。

「今どこでどうやって暮らしているのか」、「犯罪の被害に遭っていないか」、「本人が事件を起こしてしまっていないか」と心配しているが、今のところ打つ手はない。

# 20　一番手のかかった少女

一〇年あまり前のことだが、ある女性調査官(Xさんとする)から、一八歳の少女の付添人になることを頼まれた。その少女をA子と呼ぶ。

A子の犯した事件一つひとつは、それほどに重大ではなかったが、いわば要保護性の大きな少年であった。私は、このA子についてはすべてのこれまでの少年事件の中で、神戸連続児童殺傷事件を除くと、精神的、肉体的、経済的にもっとも大きな負担をした。

これから述べることはかなり煩瑣な事実ではあるが、付添人がふつうに経験する事案において、いろいろな場面での付添人の対処の仕方が具体的に示せるのではないかと思う。それらの私の対処のすべてが、正しかったという自信はないが、読者のこれからの付添人の活動のために何らかのヒントになればと願うものである。[3]

A子の事件の概略は、次のとおりである。

3　A子については、二〇一五年に神戸市で開催された第二五回全国付添人経験交流集会で報告した。以下の記述は、同集会の報告の引用や報告内容と重複するものが多いことをご諒解いただきたい。

A子は、定時制高校に入学したが、三カ月で退学した。そのあと、いろいろと罪を犯して、児童自立支援施設に入る。児童自立支援施設を出てからも、暴走行為、窃盗、暴行、薬物乱用を繰り返し、暴走族のリーダーにもなった。

二〇一二年三月には、塩化ビニールパイプを振り回すなどして、暴行容疑で現行犯逮捕されたが、翌日、自傷行為や意味不明の言動がみられ、緊急措置入院となった。二〇一三年二月には、A子は、また薬でふらふらの状態で万引きをして逮捕され、鑑別所に入って保護観察になったが、一カ月あまりで再犯。無賃乗車をして万引きをして、その場で暴れて捕まる。

A子の生育歴は、次のとおりである。

父は、A子が二歳の時に病死している。三歳上の兄と母の三人暮らしであったが、母が覚醒剤事件でまもなく逮捕され、その後刑務所に入所となり、兄とともに養護施設入所となる。

母は、すでに五回刑務所に入っており、その時も入所中であった。A子は、中学三年生の時に母に引き取られる。小学校の時に母が会いに来たが、母の顔がわからなくて、違う女の人に抱きついてしまった。母と同居したのは良かったのだが、母は、A子に人に金を借りに行かせるなどしており、ほとんど食事もさせていなかった。兄の不良仲間が集まるようになって、兄から殴られたり、母にも殴られたりすることがしばしばあった。

鑑別所での検査結果は、IQ八〇であった。ただし、やる気がないとテストも点数が良くないので、私は、実際はもう少し能力があると思っている。気分易変。自暴自棄になりやすく、薬物によって逃避しようとする。自分では良くないとわかっている行動を抑え切れず、あとで後悔し一層不安になる。ぶっきらぼうな口調であるが、その実、周囲を気にしている。要するに、気の弱い子である。しかし、けんかは負けたことがないと言っており、すぐ暴力行為に走る。A子は、もうどうせ少年院送致と思っていたし、弁護士に不信感もあって、「もう弁護士なんかいらない」と言っていたようである。

私が、尊敬していたB調査官(女性)は熱心で少年に理解のある方であったが、その方が、「今度はいい先生やから、そんなこと言わんと会いなさいよ」と説得してくれたとのことである。本人は不承不承私と面会したらしい。

私は、A子が育った養護施設を知っており、創立記念日にはステーキが少年らにも振舞われることを知っていた。そこで、私は、「君はあそこで、記念日にステーキを食べたか。私も食べさせてもらったけど美味しかったな」と言ってみると、A子はちょっと表情が柔らかくなり、「美味しかった」と答えた。A子は、続けて、「前についていた弁護士は『お前は反省しているのか』って聞いたので、『反省してません』て答えたんだ」と述べた。私は、「そうか。君は正直でいいな」と答えた。その面会で私は、ほとんど事件については聞かなかった。A子が、後に私に述べたこの時の私の印象は次のようであった。

「森の小人みたいな、変なじいさんが来て、ニコニコ笑っているだけで何も喋べらない。この人はほんまに弁護士かと思って、鑑別所の先生に『今日来た人はほんまに弁護士ですか?』と聞いた」

私は、面会でいろいろ話はしたのだが、事件の話はせず、まずA子の不信感を取り除き、A子との信頼関係を築くことだけを考えていたのである。

A子の住居に行ってみて驚いた。母は刑務所に入っていており、母の親戚という高齢の男性と二人で公営アパートに住んでいた。ところが、本人の部屋に行ってみると、布団が敷いてあり、その上に衣類が積み重なっているほかは、家具らしきものがまったくない。一方、他の部屋には男性のための家具がきちんと置かれていた。その男性が言うには、

「あの子には早く死んでもらいたい。ここに置いてあるあの子のものは全部捨てます」というぐあいである。これでは、A子が自宅に戻って落ち着いて生活するなどとうてい不可能である。

そこで、少々遠かったがA子の兄の住居を訪ねた。兄は開口一番、「あの子を引き取るのは無理です」と述べていた。詳しく事情を聞くと、兄は次々と異なる相手と交際し、四人の子をもうけ、次々と子を施設に預け、今は乳幼児二人と三人目の内妻と暮らしている。兄は全身に入れ墨を入れていた。そして、兄も内妻も無職である。たしかに、その状況でA子を、兄らと同居させることは無理である。

熱心なB調査官も兄宅を訪ねて、私と同じ感想を持ったようだ。

児童自立支援施設はA子がすでに経験して嫌がっているし、当時、養護施設は一八歳になっていると受け入れが困難であった。更生保護施設も女子少年を受け入れてくれるところがほとんどなく、適当な所が見つからなかった。後日、私がシェルター設立を考えたのはA子のような、一八歳、一九歳の少女の行き先を確保したかったからである。

B調査官も、私同様熱心に受け入れ先を探してくれたのだが、ついに適当な受け入れ先を見つけられず、少年院送致となってしまった。審判の当日、B調査官は涙ぐんでおられた。B調査官はA子に優しく接していたので、A子もB調査官に母親のような感性を感じたらしく、B調査官に、「養女にして」と言うほどであった。

A子が少年院送致されてからも、私はA子に面会をしたり、手紙を書いたり、本を差し入れたりしていた。少年院での成績は必ずしも芳しくなかったが、著しい規則違反はなかったので一年ほど経過した後、仮退院となった。しかし、やはり適切な受け入れ先は見つからなかった。私は自分が何とか引受人的な役割をしようと考えたが、自宅に住まわせるには、あまりに家族への負担が大きい。そこで、私は自宅近くのある施設に頼んだが、なかなか良い返事がもらえなかった。私は諦めずに、児童相談所や市役所にまでしつこくお願いした。施設の方も、私のしつこさに辟易としたのか受け入れてくれることになった。

保護観察所に特に頼みこんで、仮退院中の保護司は私が担当することとなった。仮退院後、A子はその施設で生活するようになったが、私は週一回程度施設に訪問し、A子のそこでの生活ぶりを聞き、A子といっしょにカラオケに行くなどしていた。

初め、A子は、そこの施設に満足していたようで、おとなしくしていたが、一カ月もしないうちに問題を起こすようになった。まず、職員の指示に一々反抗したり、勝手に自室に友人を泊めたりするのだ。困りはてた施設は、「このままでは退所の処分をする」と言う。

施設の言うことはもっともであるので、A子に話して自ら退所する形をとった。

「退所後、どこに行くのか」とA子と相談したところ、友人の家に行くという。落ち着いたら連絡をもらうはずになっていたが、二日後、警察署から電話があった。

A子が、意識不明で路上に寝ていたので保護したが、悪いことをしているわけではないので帰ってもらうしかない。本人が、私の名刺を持っていたので電話したのだが、本人を引き取ってもらいたいとのことであった。私は当日、広島に出張の予定があり、「行くのは無理」と答えたのだが、「行く前にちょっと寄ってくれ」と強く言われてしまった。しかたがないので急いで警察署に行くと、A子はまだほとんど意識がなかった。

私は、警察官にお金を預け、意識が戻ったらそのお金をA子に渡し、食事をさせ、私が広島から帰るのを待たせてほしいと頼んだ。私が広島行きの新幹線に乗っていると、また、警察署から電話があった。「釈放したら、また道路で寝ていたので再び保護した」とのことであった。その日、私はA子をビジネスホテルに泊まらせたが、翌々日に今度は京都の警察署から、「A子を保護している」との連絡があった。しかし、京都まですぐには行けない。私が困っていると警察が警察車両でA子を神戸まで送ってくれることになった。

私は、ホームレスを援助しているNPO法人「神戸の冬を支える会」の援助を受け、当面、同会の紹介してくれた旅館に本人を泊まらせ、同会の口添えを受け生活保護を申請し、やはり同会の紹介でマンションに本人を住まわせることができた。

A子は生活保護を受給し、やっと落ち着いてくれるかと思ってもそう簡単にはことは運ばなかった。A子は、いきなり夜に私に電話をかけてきて、「電気が消えました」と言う。「君は電気代は払っているのか」と聞くと、「さぁー？」と答える。電気料金を支払うという意識がそもそもなかったのである。

ある時、A子が、「むしゃくしゃするから、カラオケに連れてってちょうだい」と言うから連れていったら、「いっしょに、先生、ガールズバーに行ってください」と言われた。「まさか保護司が一緒にガールズバーなど行けるわけがない」とさすがに断ったが、自分で勝手にガールズバーに行って、「店長と喧嘩した」と夜、電話がかかってくる。「ヤクザみたいな店長が押しかけてきて怖いから逃げ出して友だちの家に泊まりたいが、電車賃も一銭もないから何とかして」と言われて、タクシーに乗ってA子の家まで行って、友だちの家までA子を送り届けるなどした。

それでも、悪いことはとにかくしなかったので、ある時、「悪いことせんでよく頑張ったな」とねぎらい、六甲山に連れて行ってジンギスカンを食べさせたら、喜んで写真を撮って友だちに送っていた。そのあと、A子が、「いっしょに太鼓のゲームをしよう」と言うので、いっしょに太鼓のゲームをした。しかし、またその二日後に警察から電話があって、「意識不明で倒れていた。また引き取りに来てくださいよ」と言われた。警察に行くとグデングデンの状態であった。後で聞くと、睡眠薬を一〇錠くらい飲んだらしい。そのような女の子を私一人で連れて帰ってもどうしようもない。警察もさすがに気の毒に思ったのか、屈強な警察官二人をつけて警察車両で送ってくれて、三人がかりでA子をマンションに入れて、布団に寝かせて帰ってきた。

私は彼女の枕元に、「生きてて良かった、薬は怖いよ」とだけ書いて置いた。その後、私はそのことにはまったく触れなかった。ところが、A子はしだいに、「最近は薬を飲まなくとも眠れる」と言うようになった。

この調子で、私は何とかA子にまともな仕事をさせたいと思い、主任の保護観察官と三人でハローワークに行く約束をしたが、A子はそれをもすっぽかしてしまった。

それでも、「この何カ月間か頑張ったから、すき焼きでも食わせてやる」、「俺が肉とか持って行ってやるからな」と言ってA子のマンションに行ったら、家に包丁がない。包丁を買ってきたら、今度はまな板がない。しかたがないから、私の下敷きの上で野菜を切ってすき焼きを作った。A子は、自分の友だちも呼んで、「美味しい、美味しい」と食べたのだが、「洗うのは？」と言ったら、スポンジもないし、洗剤もない。この子は一九歳で、どのように今まで一人で暮らしていたのか。「おまえ、ゴミくらいちゃんと捨てろよ」と言うと、「先生、ちゃんとやります」と言って、二日後に見に行ったら、大きいフライパンが生ゴミの中に入っている。「生ゴミっていうのは燃やす物を入れるのであって、鉄なんか入れたらダメなんだよ」と言ってきかせた。少年院にも、児童自立支援施設にも行き、養護施設にはずっといたのだが、生活の知恵がまったく身についていない。

師走の三一日、家にいた私に、いきなりA子から電話があった。「今、奈良にいるが電車賃もなく帰れなくなった」と言う。事情を聞くと次のようなことであった。

ある少女と友だちになり、その少女のマンションに行き、二人で正月を過ごそうという話になった。そこで、A子は持ち金をすべてその少女に渡してしまった。世話になるお礼という意味である。ところが、その少女はその金を持って毎日遊びに出かけ、食べ物を何も分けてくれなかった。A子が冷蔵庫を開けると、食べ物は何一つ入っていなかったという。A子はもう嫌になり、「帰るからお金を返して」と少女に言うと、社長と称する中年のヤクザ風の男が来て、さっさと帰れとすごまれたそうだ。

A子が負けずに言い返していると警察官もやって来た。しかし、ヤンキー風の少女の話など、警察官は相手にしてくれなかったのだろう。結局、A子は寒空に一人路上に放り出されたのである。

私は、家人の不満気な視線を浴びながら急いで自宅を出て奈良に向かった。JR奈良駅前でぽつんと立っているA子に声をかけると、いつも勝気なA子も一瞬涙ぐんだ。私たち二人は、奈良駅前で年越ソバを食べ、いっしょに神戸に帰ってきた。

このような事実を見ると、A子は、単なるわがままな子という印象を持たれると思うが、次のようなこともあった。

ある日、A子のマンションを訪ねると三日間何も食べずに私を待っていたという。事情を聞くと次のようなことであった。

突然A子の所に友だちの女性がやって来た。三歳くらいの子どもを連れていた。朝から二人は何も食べていないとのことで、子どもは、「お腹がすいた」と泣き出した。A子は、「子どもがお腹をすかせて泣くのは耐えられない」と持ち金をすべて友だちにあげてしまった。私は、A子がお金がなくても、困らないようにと、カップ麺その他を三日分くらいは買って置いていた。ところが、その友人はそれらの食品もすべて持っていってしまったという。しかし、「野口弁護士にもうこれ以上迷惑をかけられない」と思い、私に連絡せずがまんしていたという。私が、「よくがまんしたものだね」と言うと、「そういうことはもう慣れている」と言っていた。母と暮らしているときの荒れた生活ぶりがうかがえた。

親の愛情を体感できなかった子は、他人を信用することは困難である。少年院を仮退院して一年くらいたった頃、A子はこうもらした。

「野口弁護士は何でこんなにしてくれるんだろう。何かウラがあるとずっと思っていた」

したがって、初めの一年くらいは、私に嘘を言うことも多かった。

ある時、A子は、「昨日、男に殴られた」と話した。それを聞いた私は、その男をとっつかまえるといきり立ち、「犯人はどんな人物か」とA子に尋ねた。A子は、「相手は昔からなじみの若い男性だ」という。私が、「いっしょに警察に被害届を出しに行く」と言うと、なぜか行きしぶっている。結局、被害届は出さずに終わった。

何カ月もたってA子が話したことは、次のとりだった。

その日、母が六回目の刑務所に行くことになる刑事裁判があった。A子は母を心配して裁判を見に行った。そこに見知らぬ男たちがいた。裁判が終了した後、その男たちが声をかけてきた。A子が母の娘だとわかると、男たちは、「お前の母親に金を貸した。お前が金を返せ」と言ってきた。A子は、「何で私が返さなきゃいけないの」と言い返し口論になり、その結果、男たちに殴られたのだった。

私に本当のことを言うと、「そんな悪事を働く母親の所に行くな」と私に叱られると思ったのだ。今でも、A子とは時々会っている。今はおおむね本当のことを話してくれているとは思うが、きっとまだ話せないこともあるにちがいない。

少年院を出るときに教官に、「あんたは二、三カ月したら必ずここに戻ってくるよ」と言われたA子は、仮退院以来、今まで一度も警察に逮捕されずにいる。完全に立ち直ったとは言えないものの、少年院の教官の予想とはまったく違っていたことになろう。

まさに悪戦苦闘の連続であり、成功した事例とは言えないものの、何とかここまでこぎつけたのは、私がA子の立ち直る力を信じ最後まで諦めずに努力した結果、A子が私を通じて、人間への信頼を少しだけ取り戻せたし、それまでの「非行少年」とはちがう自分を見つけて、自分への自信を持つことができたからであろう。

## 21　SNS、スマートフォンを使った非行

最近、増加している事件としては、SNS、スマートフォンを使った事件がある。いじめについては被害者側の代理人になることが多いが、いじめにSNSやスマートフォンが使われることが目立つ。SNSに被害者の悪口を書いて広めるとか、いじめの被害者の様子を撮影して広めるなどはよく行われるようだ。彼女とのセックスの模様を撮影してSNSに流すといった事件なども増えている。SNSに流すつもりではないが、女性を盗撮するという事件もある。SNSによるいじめやセックス場面の無断投稿、盗撮などの事件はそれまで非行経験がなかったり、学力レベルが高かったり、それまでいわゆる〝良い子〟と思われていた少年が多いように思う。特に暴力を伴わないケースには、その傾向が著しいように思う。

一方、被害者の心の傷は大きく、いじめの被害者などは自死すら選んでしまうのに、加害者本人（えてしてその両親もであるが）は、そんなに悪いことをしているという意識がないのである。

バーチャルな物を多く見ている子どもにとっては、自分たちのしていることが現実感を伴わないのであるが、バーチャルで起こっていることに、逆に現実の感覚を持つということなのであろうか。

それは今に始まった傾向ではない。わが子が小学生の頃に『はだしのゲン』という映画をいっしょに見に行った。原爆が投下され体中に火がついて被爆者が苦しみに転げまわるシーンがあった。親は皆涙をぬぐいながら見ていた。しかし、満場の子どもたちはいっせいにドッと笑い声をあげたのである。不気味に思った私は、自分の息子を見ると、息子も笑っている。流石に息子は、映画館を出るときに、「お父さんごめんね、皆につられて笑った」と言うのである。現在の子どもは焚火の経験もほとんどなく、昔あった火鉢の火の粉が目に入って熱かった経験もない。そういう子どもたちは体中に火がつくことがどんなに苦しく、恐ろしいかという実感がないのである。かつて少年たちがホームレスを襲い、火をつけるといった事件が続いて起こった時期があった。そういうことも、子どもたちの実体験が少なく、バーチャル体験のみが激しく増加していることが原因しているのではなかろうか。このような状況で育った子どもたちには、被害者の苦しみを繰り返し、繰り返し具体的に想像させねば、被害者の苦しみを完全に理解し、実感させることはできない。

これらの少年は、知的能力が高い少年が多いので、自分の行為が社会的に激しく非難される行為であることはすぐ察知し、〃反省〃の態度を示す。しかし、それだけではまったく不十分なのである。

大学生の盗撮事件を担当したときは、自分で考える力、他人の気持ちを推し量る力をつけさせることを目的とした。このように言うとたいしたことをしているように見えるかもしれないが、やったことは実に単純である。親には、子に一切指示をせず、大人として尊重し、自分で判断させるようにと助言し、私はただひたすら本人が今何を考えているかを聞くことに徹し、毎月一回夕食をともにしていただけである。

## 22 闇バイト事件について

最近闇バイトという言葉がマスコミを賑わせている。やばいバイトであると知りながら、「ちょっとの間のバイトだから」と、あまり犯罪性のない若者が、悪の組織に引きずりこまれ、強盗殺人や強盗傷人といった凶悪犯罪を起こしてしまう。

私は、この種の凶悪犯罪について付添人の経験はないが、いわゆる、〃出し子〃の手伝いをさせられた少年は保護司として担当している。この少年と比較しながら、闇バイトの若者の心理状況を考えてみたい。

父は、上場企業の中間管理職、母は専業主婦で裕福な家庭である。一人の姉、二人の兄がいるが、いずれも大学を卒業あるいは在学中で本人は高校中退である。

建設業でバイトをしていたが、気ままな勤務ぶりで、非行歴のある友人や先輩とつきあいができていた。しかし、本人はどちらかというと無口でおとなしく、従順にみえた。

ある日、先輩から、「簡単なバイトだから手伝ってくれ」と言われ承諾し、内容を聞いてみると、「自分の名前で口座を作り、それを貸してもらいたい」という話である。

振り込み詐欺という言葉も知ってはいたが、自分のすることが、それほど重大なことと思わなかったことと、先輩からの頼みでもあったので断りきれないということもあって誘いに乗ってしまった。

本人以外の犯人たちのその後の状況はわからないが、本人や先輩は捕まったものの、指示役は結局わからずじまいであった。

少年は、保護観察中の決まった面接をすっぽかしたり、遅れたりすることなく、良い雇主とめぐりあい、まじめに仕事を続け、良好な成績で保護観察を終った。まったく手のかからない、不安を感じさせない少年であった。今でも、時々、旅行のみやげなどを持って私の自宅を訪ねてくれる。数年前には会社を起こし、青年実業家として頑張っている。

このような少年が、なぜやすやすと特殊サギの片棒をかついでしまうのであろうか。ひとつには、少年たちが「ノー！」と言えない傾向を持っていることである。人間関係が狭く、その中で先輩や仲間に頼まれたり、命じられたりすると、嫌と言えない。相談してもらったり、忠告してもらったりするような人間がほかにいないのである。したがって、少々悪いこととわかっていても引き受けてしまうし、いったん引き受けると途中で「ノー！」と言い出せないのである。

もうひとつの原因は、頭の中で知識としてはあっても、その具体的な被害の深刻さやことの重大性を実感できないことである。

「21　SNS、スマートフォンを使った非行」で述べたように〔↓90頁〕、SNSにより被害を受けたときは、深刻な心の傷を受けるのに、自分が加害するときは相手の被害の深刻さを実感できないことと同様に思われる。

テレビの報道で、闇バイトに加わって逮捕された若者を見ると、幼く、ひ弱な感じに見えるが、これらの少年と同様な心理状況だったのではなかろうか。

ＳＮＳを使いこなす能力はそれなりに発達しているようにみえる一方で、直接的な人と人とのコミュニケーション能力は低く、自己主張が弱く、嫌でも「ノー！」と言えないような犯人像が思い浮かぶ。そのような特徴を持つ若者は、非行少年や闇バイト事件の下働きの犯人に限らずどこにでも存在しているように感じる。

## 23　残念、力及ばす

### (1)　三名続けて少年院送り

「20　一番手のかかった少女」[↓77頁]のＡ子を担当していた頃は、私は常に多くの少年事件を担当していた。同時期に三件もの試験観察を担当していた。

これまでの記述を見れば私がいつも成功していたかのように見え、手柄話を聞かされている感じを持たれる方もいたかと思うが、実際には失敗、あるいは力が及ばなかった事例もある。

これから述べる三件の事件はすべて試験観察期間中に再非行があり、少年院送致になってしまったのである。それまで私は試験観察は九〇％以上は成功してきたという自信を秘かに抱いていたのだが、同じ年に三件連続して、少年院に送致されてしまったのである。しかも、自分としてはそんなに手を抜いていた気持ちはなく、少年たちの問題性もそれほど重大でないと考えていたのにである。

その中の一人の少年は、父がアルコール中毒で、少年もアルコール中毒が疑われた。酒に酔って他の少年グループといさかいを起こし、駆けつけた警察官に反抗して暴力を振るったのである。

私は少年に、アルコール中毒について自覚を持たせようとカトリック教会で行われていたアルコール依存の経験者の自助グループ、いわゆる断酒会に連れていった。少年は当初自分は、「アル中なんかではない」と言っていた。何も言わずに黙って聞いているだけでもよい、というのが会のきまりである。参加者のほとんどは三〇代後半から六〇代くらいまでの男女である。発言する人は皆、「自分はアル中の何々です」と自己紹介をし、自分の飲酒体験、仕事を失い家族を失ったことなどの悲惨な体験を述べ、現在も闘っていることを話す。一人ひとり発言していって、彼の番が来ると、何も言わなくてもよいと言われていたのに、驚くことに、「自分はアル中の〇〇です」と自分から言い出したのである。

私は、しばしばその少年の家を訪問し、家族ぐるみで彼を励ます態勢を整えていた。彼も、少しずつ落ち着き、暴力性も少しは収まってきた。ところが、ある日、飲酒運転のうえ事故を起こし人を負傷させてしまい、少年院に送致されてしまったのである。

次の少年は、気弱な少年で、母がまじめではあるが、厳しく口やかましい人でいつも少年を叱っていた。少年は、初めは私に対して従順な態度であったが、彼女が東京にいるとかで東京に行き、その後あまり連絡がとれなくなり、組織的なオレオレ詐欺のような事件に巻きこまれてしまった。

最後の少年は、傷害事件を起こしたが、素直な少年で、友人を助けようとして事件に巻きこまれてしまうタイプであった。この事件でも、私は家に行って母と会ったり、家裁の調査官にしばしば会い相談をしたり、少年といっしょにハローワークに行ったり、司法修習生もつれて三人で食事に行ったりするなど、一応のことはやっていたつもりであった。この少年も、暴力性がなくなり落ち着いてきたと思っていた矢先、無免許で交通事故を起こし人を負傷させてしまったのである。

いずれも、私が想定した以上に、少年たちの抱える問題が重大であったか、あるいは私の力が足りなかったと思い、がっかりしてしまったのは事実である。

どの少年についても、当初の予想では、この子は何とかできると思える子(少なくとも、私はそう信じていた)なので、三回連続の失敗に、いかに楽天的な私でも頭を抱えざるをえなかった。

すると、「20一番手のかかった少女」でのA子の審判を担当してしていた裁判官で私の尊敬していた方が、「まぁ、そういう時もありますよ」と慰めてくれた。この方は全国付添人交流集会で私が講演をしたときにも、自発的に聞きに来てくださった。少年問題に理解のある熱心な裁判官であったので、この方の慰めは失意の私をおおいに励ましてくれた。

## (2) 東京に出て行って逮捕される

この稿を書いている三カ月ほど前にも、警察を通じて一人の少年から連絡があった。一昨年仮退院した少年で、その審判で付添人にもなり、在院中は面会にも行き、本やお金を送ったりしたうえ、退院後は何かと援助をしてきた少年である。

頭脳が優秀な子で中学三年在学の年齢なのに、高卒認定の試験をほぼすべて合格する程度の力を持っていた。したがって、どの職場に就職しても仕事をすぐ覚えて重宝がられた。しかし、典型的な愛情不足の家庭で育っていたので、一種の偏屈さがあり、いったん社長の発言が気にいらないとすぐに仕事をやめてしまう。退院後、私が頼んで置かせてもらった施設の職員の指示にも耳を貸さず、とうとう施設を逃げ出した。社員寮つきの会社に就職したが、「東京に行けばもっと良い収入が得られる」と主張し、私が止めるのもふり切って昨年東京へ行ってしまい、ほとんど連絡も絶えていた。

そのような時に、事件名は聞いていないが、東京にいる彼から、警察官を通じて「警察に逮捕されたので弁護人になってほしい」と連絡が来たのだ。

東京となると、七八歳の私にすれば家から往復するだけで七〜八時間はかかるので体力的にもかなりの負担である。それに国選にせよ、法テラスの扶助にせよ、神戸の私を担当の弁護人に認めてくれはしない。そうなるとまったくの手弁当である。少年には申し訳ないが、今の私にそれまでの余裕はない。

## (3) 少年たちの生きる力を糧に

以上のように私の力が及ばなかった事件も相当数存在する。

それでも私を少年事件に駆りたてているのは立ち直っていく少年たちの生きる力と断言できる。「山登りの好きな人は、どうして危い山にも登るのか」と周囲は思うが、達成したときの喜びが、失敗したときの苦しみを帳消しにしてくれるのであろう。

また失敗したときには後の第2部第1章1「(6) 少年に裏切られたと思うとき」で述べるように［↓153頁］、もう一度冷静に失敗の経過を検証し、軽々に失敗を少年のせいにしないことが必要であると思う。

# 第2章　神戸連続児童殺傷事件

## 1　事件の概要――少年法「改正」のきっかけに

一九九七年三月に神戸市内で、二人の女児が襲われ、一人は頭部を殴打され死亡し、一人が腹部に重症を負った（その一カ月後にも女児が襲われ、頭部に軽傷を負っている）。

その二カ月後、男児が襲われ、その頭部が中学校の校門で発見された。

同年六月、中学三年生の男子が逮捕された。

これが世に「神戸連続児童殺傷事件」「酒鬼薔薇《サカキバラ》事件」と言われる事件である。少年法「改正」のきっかけとなったともいえる事件である。

この犯人とされる少年A（単にAという）については、拙著『それでも少年を罰しますか』（共同通信社、一九九八年）でかなり詳細に述べた。重要な部分は、それから引用することにするが興味のある方はそちらで詳細をご覧いただきたい。

私は同書をあらわしたとき、迫りくる少年法の改悪（厳罰化）を予感し、同書の冒頭で次のように訴えている。

「A少年は、一口で言えば『愛された感じを持てなかった』少年である。

ほとんどの非行少年は、家庭の愛を十分に受けられなかった子どもである。少年非行は、追いつめられた少年たちの悲痛な叫びである。もっと早くその叫びに気づき、適切な愛を少年たちに注いでいたとしたら、ほとんどの少年非行は未然にくい止められたと思う。

A少年の弁護で駆け回っていたときは、いくらA少年の内面に肉薄しようとしてもそれは徒労に終わり、A少年がまったく不可解な存在に思えた。しかし、その後、小学校における学級崩壊や保育園での子どもの様子、矯正現場での研究など、あれこれの事実や資料を検討しながら落ちついて考えてみると、A少年を特異な少年として片づけることはできず、やはり現在の非行少年の特徴を示しており、子どもたちの変化を先取りしているように思える。

A少年に代表される非行少年たちに厳罰でのぞんだからといって、彼らの非行をくい止めることはできない。厳罰は彼らの非行をより巧妙で陰湿なものにするだけであろう。愛が不足している者に愛を与えず苦痛を与えるという行為は、重病の患者に何ら治療をほどこさず、病は気からという精神主義を主張するのと同じくらいまちがっている」[1]

## 2 付添人活動と少年の様子

### (1) 私が弁護人に？

一九九七年六月二八日、当時一四歳で中学三年生Aが逮捕された。

その晩、久々に家族と夕食をともにしていると、いきなりテレビからA少年逮捕のニュースが流された。

それまで犯人は、三〇代の男ではないかとの情報も流れていたので、びっくりし、まさ

1　野口善國『それでも少年を罰しますか』（共同通信社、一九九八年）三〜四頁。

かとの思いであった。兵庫県弁護士会には当番弁護士（弁護士派遣）という制度がある。現在のように被疑者国選のような制度がなかった頃、逮捕された人が求めれば無料で接見に行く制度である。また、本人からの要請がなくとも特殊な事件の場合は弁護士会が弁護士を派遣するのである。

しかし、私は当番に当たっていなかったので、他人事としてテレビのニュースを見ていたのである。そうすると、弁護士会の刑事弁護委員会のH弁護士から電話があり、「当番弁護士だけでは心配だから私にも面会に行ってほしい」と言う。弁護士会には子どもに関する委員会があり、私は何年も前に委員長をしていた。その委員会の委員長他要職にある人があれこれの都合で行くことができない、と言う。刑事弁護委員会、少年問題対策委員会、人権擁護委員会から一人ずつ派遣されることになったと言う。私は、少年問題対策委員であるので私にぜひ行ってほしいと言うのである。

翌日、私たち弁護士三名は、警察署に向った。近づいていくと何か異様な音がする。それは警察署をとりまいている何百人ともわからぬ群集のざわめきと、上空を飛ぶ数機のヘリコプターの音である。遠くから見るとテレビ局の車も多数並んでおり、かなりの数の報道陣がいるようである。これでは我々が警察署に行けば、報道陣に取り囲まれ、もみあいの状況となることが予想される。三名で協議の結果、警察署に電話をし、裏口を開けてもらい、弁護士とわからないよう弁護士バッジをはずし、そっと一名ずつ入ることにした。そのようにして、我々は何とか建物に入ることができた。

そこで、Aと初めて面会した。予想以上に小柄で細身の少年である。ふつうの髪型、ふつうの服装である。事件のことについては、ごくふつうに話す。話し方も丁寧である。しかし、話しているうちに何か変だと感じるようになった。まったく表情に変化がないのである。ふつう、重大な事件を起こした子どもは、事件の重大さに罪の意識を持ったり、自分が非難、処罰されることにおびえたり、父母が心配しているだろうと心配したりするなどの心のゆれ動きが起こる。

ところが、Aにはそれがまったく感じられないのである。Aに、「何か困っていることはないか」と聞くと、「別に」とだけ答える。「何か親に伝えることはないか」と聞いても、「別に」とだけ答える。今まで会ったことのない、よくわからない少年と感じた。

初めての面会を終えた後、問題となったのはどうやってそこを脱出するかである。このまま建物から出て行けば取材陣に取り囲まれることは避けられない。それを見た群集が押しかけてくると、どんな事態になるか想像もできない。しかし、警察署員がやって来てこのように述べた。

「記者たちが弁護士から少しでもコメントがもらえないと帰れないと言っています。申し訳ないですが、どなたか外に出て少しでも話をしてくれませんか。このままでは収拾がつきません」

そのように懇願されて、我々も困った。外に我々が出ていけばモミクチャにされるのは明らかである。しかし、警察の気持ちもわからないではない。そこで、私が子どもの問題を専門的に取り組んでおり、年長でもあるので、私がひとりで出て行って簡単な説明をし、そのすきに残りの二人は裏口から脱出するということになった。

その後の状況は、テレビで報道されたとおりであるが、報道陣にモミクチャにされ、小柄な私は押しつぶされそうになった。テレビを見ていた親類や親しい友人は、「あんなにヨレヨレで出てきたら恥かしいよ」と言っていたほどである。「どんな少年ですか」と聞かれた私は、「よくわかりません」と答えた。「先生、とぼけないでください」と言われたが、その時は本当にそう思っていた。

さて、私はその日から報道陣に追い回される日々となった。事務所の前にはもちろんのこと、自宅の家の前にも一〇人くらいの記者が取り巻いていて、「何か一言」、「少年の様子は」と聞かれるのである。

## (2) 弁護団の結成

こんな状況では、三人くらいの弁護士では、とうてい事件に対応できない。私たち三人は、多くの弁護士に頼みこんだが、弁護人のなり手がなかなか集まらなかった。

ここで一言説明しておくと、家裁に送致されたあとは付添人と言われるのだが、それまでは弁護人というのである。

ようやくにして数日かかって八人の弁護人をそろえた。一番年長であり、キャリアも長いということで、私が団長ということになった。ところが、刑事訴訟規則では起訴前には三人を超えて弁護人となるには裁判所の許可が必要である。弁護人の増員について裁判所の許可を得ようとして申請したが、なかなか許可をくれず何日もかかってようやく五人のみが許可された。

しかたがないので、あとの三人は、「弁護人になろうとする者」として接見した。七月一五日に、女児殺傷事件の逮捕手続が行われたので（当初の逮捕は男子児童殺害事件のみの理由であった）、その事件の弁護人には残り三名の弁護士がなるということで一応形式は整えられた。

私の家や事務所の電話には、「弁護士を外に出すな」、「今から抗議に行く。もう家の近くに来ている」という嫌がらせや脅迫があり、家で子どもが電話をとると、「お前もあの子のようにしたろうか」と言われる。どういうわけか本名を名乗った者は一人もいなかった。弁護士会にも、「会長の首しめたろか」、「記者会見をしたH弁護士を殺せ」などの電話が殺到した。

警察も私の身を心配して、重点的にパトロールをするありさまであった。どういうことで情報が漏れるのか、Aの家の周りにも記者や野次馬が集まるようになった。我々としてもAのことばかりでなく、Aの家族の保護にも気を使わねばならぬ状況であった。各マスコミの報道も冷静さを欠くもので、十分な根拠のない情報や推測を載せているものも多かった。その中で地元の神戸新聞は比較的冷静な報道を行っていると感じた。

このような状況で、本件の弁護活動は、八人の弁護士でもなかなか手にあまる任務である。そこで弁護団は弁護士会に要請し、支援部隊を作ってもらうことにした。

少年問題対策委員会（現在の子どもの権利擁護委員会）、刑事弁護センター、人権擁護委員から人を出してもらい、「須磨区児童殺傷事件対策協議会」を結成してもらった。この対策協議会は、マスコミ対応や少年の家族の保護、被害者への対応など直接の弁護活動以外のいわば弁護団の支援活動に取り組んだ。

私が付添人活動をしていくなかで、一番助かったのは弁護士会が全面的に支援を決定した結果、マスコミ対応を担当したH弁護士が通常、記者発表を行うこととなり、私が報道陣に取り囲まれることが少くなったことである。

### (3) 逮捕後の勾留

Aは逮捕後、勾留され、警察署に収容され続けていた。

少年法四八条一項は、少年の勾留はやむをえないときに限るとしている。同法四三条一項では、勾留にかえて少年鑑別所に収容する観護措置をとることができるとしている。さらに、同法四八条二項では、たとえ勾留が相当な時でも少年鑑別所に収容できるとしている。

要するに、身柄拘束はなるべく避けるが、それがやむをえないときはなるべく鑑別所に収容しよう、というのが少年法の考え方である。ところが、Aは、一九九七年六月二八日に逮捕されてから家裁に送致されるまで、一カ月近くも警察署に収容されていた。

我々は、勾留決定に準抗告するなど警察留置場での身体拘束にかえて鑑別所に収容することを求めて闘ったが、すべて不成功であった。とりわけ苦労したのがAの両親との面談である。具体的な方法はここではあかせないが、とにかくマスコミの目をかいくぐって秘かに会わなければいけないため、いろいろな知恵を絞る必要があった。なるべく我々弁護団員が直接会わずに、顔の知られていない対策協議会の弁護士に両親と話してもらうようにした。このようにして少年の身元が知られぬよう注意を払っていた。ところが、そのような注意を払っていても某社はA少年の写真を掲載してしまった。これは少年法の精神を踏みにじる行為である。

## (4) 家裁送致

一九九七年七月二五日、事件は家裁に送致され、少年は少年鑑別所に収容された。

家裁送致後、我々弁護人だった者は付添人になるわけだが、少年審判規則一四条一項では、弁護士である付添人は三人を超えることができないとされている。三人しか審判に出席できないし、記録の閲覧もできないとなると事件の重大性、特異性を考えると非常に不便である。いろいろと考えた結果、保護司としてあるいはカウンセラーとして、二人の弁護士を付添人として追加選任してもらった。

警察署にいるときは、交代で弁護団は毎日少年との面会をくり返していた。交代で行くのだが、常に二〜三人の複数で行っていた。私も、週二〜三回は面会に行っていたと思う。少年が鑑別所に収容されてからも、そのような面会は続けられていた。

家裁に送致されると、付添人は証拠書類を閲覧謄写できる。この書類は段ボールに四箱もあった。その後、家裁の記録はすべて破棄されることになるが、もちろんその当時はそのようなことはまったく予測できなかった。

我々はさまざまな供述調書や図面などを検討し、Aの説明を聞いたうえで、やはり現場を確認することになったが、それも簡単ではなかった。私たちの顔はかなりの人に知られてしまっているので、弁護士が現場を調査していることがわかるといろいろな障害が起きかねない。そこで、なるべくバラバラになり、ジーンズにサンダル履きという格好で現場を見に行くなどした。

我々は、交代で毎日のようにAと会っていたが、少年の表情はいつも同じであった(一度だけ、取調べの時に警察官にだまされたと怒っていたことはあったが）。我々が来て、喜んでいるのか、迷惑なのか、それもまったくわからなかった。

母親の言うAの人物像は次のようなものであった。

「すぐ泣くぐずな子」

「泣いてごまかそうとする」

Aの両親に対する印象はなかなか聞けなかったが、ちらっと漏らしたことを拾ってみると、「母にはよく殴られた」、「父にも殴られた」と述べていた。

正直に言って、我々は、少年の心理や動機がわからず、裁判所や鑑別所に関係している専門家の意見も聞いたが、我々の理解力の低さからかあまり理解できなかった。結局、その道の専門家を探して鑑定してもらうしかない、と考えた。裁判官もそれには賛成してくれた。探した結果、神戸大学の著名な精神科医に鑑定してもらえることになり、補助者も選ばれた。

少年の鑑定は、数多くの医師との面談が必要ということで相当長期間を要するということとであった。通常、観護措置期間は四週間であるが、二カ月程度、鑑定のために留置されることとなった。鑑定留置の際は、「あまり頻繁に大人が接触しないほうが良い」との鑑定医の意見に従い、我々の面会は週二回程度にした。一〇月二日に、精神鑑定書が提出され、一〇月一七日に最終の(第一五回)審判がなされ、医療少年院送致の決定がなされた。付添人団の意見も同一であり、抗告はしなかった。その間の少年の表情や態度は、ほとんど変化がなかった。自分の内面や親に関することは、口にしようとしなかった。

九月初め、逮捕されて以来初めて少年は両親と面会した。それまで少年は両親との面会を拒否し続けていた。その時、Aは逮捕以来初めて感情をむき出しにして母に対し、「何で来たんだ」とどなりつけたという。母は、それまで従順な弱い子と認識していたので、非常に驚いた。もっとも、Aは、翌日に母に謝罪し、涙を流し、母にハンカチで涙をふいてもらい、そのハンカチを差し入れてもらっている。

結局、私は鑑定書を見て初めてAの行動を理解したように思えた。週刊誌等では彼をなかばモンスター扱いするような記事も出ていたが、私も、もちろんモンスターなどとは思いはしないが、彼の内面が理解できず、最後まで心が通わなかった気がしていた。まるで心の中に壁を作っているように思われた。

鑑定書は後述するが、他の書類とともに廃棄されており、正確に述べられるか不安はあるが、骨子は次のようなものであった。

「少年の幼年時代における記憶が非常に限られたものであって、わずかに祖母の背に負われて目をつぶり暖かさを全身で感覚しているというものであるのは、それ自体が、この時期の発達に問題があったことを示唆している。この記憶は少年のほとんど唯一の良い思い出であって、これ以外の人生は、自ら生涯をふりかえって『懲役一三年』という如く索漠としたものであったと思われる」

そうしてAは虐待されて育ち、他を虐待するようになったと結論づけている。

正直言って、この鑑定書を読んだ当時、その全体を正確に理解する力はなかったし、現在でもそれが十分とは思えない。しかし、その後いろいろな方のご意見を聞いたり、少年に関する資料をもう一度見直したり、あれこれ考えたりしているうちに、Aも、〝愛された感覚を持てない〝少年であると感じるようになったのである。

ここで弁護士費用の説明をしておこう。本人、家族からは一切費用はいただかなかった。

被疑者の国選弁護人という制度も国選付添人という制度も当時は存在していなかった。国からは一円の金も出ていない。結局、我々が出してもらえたのは法律扶助協会(法テラス)からの一〇万円程度の報酬金とコピー代の実費だけである。

それでも事務所には、「お前らは金儲けのためにはどんなこともするのか」という嫌がらせの手紙があったり、同趣旨のことを別の事件の相手方当事者に言われたりすることがたびたびあった。我々は、たった一〇万円ばかりもらって、そのような言い方をされるのはまったく心外だったので、実費を除くお金はすべて法律扶助協会に返金した。

## (5) A少年の犯行の原因は

私なりに、どうしてAがこのような事件をおこすに至ったのか考えをまとめると次のとおりである。

少年の母は、少年に愛情は持っていたが、長男としてしっかりした男に育てたいとスパルタ教育をめざした。虐待とまで言えるかどうかはさておくとしても、暴力的であり、支配的であった。父は、おとなしい人であったが、母を制止するのではなく、黙認ないし同調していた。Aは、内気でせん細な性質であったので、母を含め他人に対し心を閉ざしていった。祖母は、Aをかわいがってくれていたが、Aの幼児期に亡くなってしまった。Aは、それ以降保護者を失ってしまった。

Aには、愛された、大事にされた、という感覚を持てないため、自分自身が大事な存在とは思えなかった。だから少年院に行くより死刑になったほうがましと本気で考えていた。少年は、「なぜ人を殺してはいけないのか」ということを実感としてはとらえられていなかった。少年は、「ナメクジを殺しても罰せられないのに、なぜ人を殺してはいけないのか」と述べていた。

自分の命の大事さがわからぬ人は他人の命の大事さもわからない。

地域は、〝東大通り〟と言われ、東大卒の大企業の部課長が多く住んでいるという。進学塾も多く、高校入試は、いわゆる偏差値輪切りの厳しい地域である。Aは、学習面でも学校ではその能力はまったく評価されなかったし、スポーツもそれ程得意ではなかった。要するに、誰にも評価されない子であった。

Aの内面の苦しみを柔らげてくれるような人は、祖母以外にいなかったのであろう。

## 3　少年の変化

Aが少年院に送致されてから、二回だけ面会している。一回目の様子は、『それでも少年を罰しますか』に書いたが、[2]ごく簡単に述べると次のとおりである。

一九九八年四月に、私は医療少年院でAと面会した。その時の様子は、これまでどおりまったく表情が変わらなかった。ところが、別れ際にいきなり立ち上って、

「警察や少年鑑別所に何度も面会に来てくれて、退屈しのぎに雑誌の差入れもしてくれて、ありがとうございました」

と言って深々と頭を下げたのである。

彼の表情は、以前と変わらず無表情であったし、少年の気持ちを聞こうとするとどれも

2　野口・前掲註1書七七頁以下。

紋切り型の答えであるし、両親に何か伝えることがあるかと聞いても、「ありません」の答えしか返ってこなかったのである。したがって、私は、彼がそのようなお礼の気持ちを述べてくれようとはまったく予想できなかったのである。

私はあっ気に取られたが、Ａは特に教官に指導されて、そのような発言をしたわけではなかった。その感謝の言葉は彼自身の言葉だったようだ。それまで三〇回以上Ａと面会してきたが、私は、Ａに一度も礼を言われたことはなかった。私は暗やみの中で、一筋の光を見た気持ちであった。

ところが、数カ月後の二回目の面会では、そう思いどおりにはいかなかった。私が気づかずに彼の内面に立ち入った質問をしてしまったのか、Ａは黙りこんでしまった。差し入れた本も送り返してきた。実際どこで失敗したのか、私は見当がつかなかった。

その当時、少年の供述調書などが雑誌に掲載され、騒ぎになっており、弁護人(付添人)が他に漏らしたのではないかと、我々までが疑われる始末であった。そのせいか(私の気のせいかもしれないが)、少年院の職員も私が面会に行くと何となく迷惑そうなそぶりであった。

結局、その後面会に行くことはできず、彼に関して正確な情報を得ることはなかった。

しかし、私が入手している非公式の断片的な情報によりあえて推測すると、その後の少年の様子は次のようなものであった。

少年院の職員が父母代わりとなり、献身的にAに寄り添い、Aは徐々に変わっていった。被害者のことを思って涙を流すようにもなり、快活にもなって、少年院の職員や少年院への訪問者にも気を配れるようになっていった。父がわり、母がわりの職員が、〝赤ん坊包み込み作戦〟と称する、育て直しをしたという。[3]

仮退院の際も、援助者がさまざまな手厚い援助をした。就職先でのトラブルや身元がばれるなどの事態も、援助者とともに何とか乗り越えてきたようである。

## 4 『絶歌』の出版

二〇一五年、「元少年A」という著者名で『絶歌』(太田出版)という本が出版された。そこには、Aのなした犯罪事実が赤裸々に描かれており、かなり自己顕示的な表現もあったこ

3 これらの少年院の努力は、木村隆夫「神戸児童連続殺傷事件、加害者Aの更生過程の考察」日本福祉大学子ども発達学論集第五号(二〇一三年)四一~五九頁に詳しい。

とから、世間から「Aは反省していない」、「Aは更生していない」と大きなバッシングを受けた。

ところが、私にはそう思えない。Aはそれを読んだ被害者、遺族がどのように感ずるかを正しく想像ができていなかったが、彼としては、精一杯、事実を明らかにし、謝罪をするつもりであったのではないかと思う。

「本を書けば、皆様をさらに傷つけ苦しめることになってしまう。それをわかっていながら、どうしても書かずにはいられませんでした」[4]

と巻末にあるが、それは彼の本心と考える。ただし、どれだけ被害者や遺族を苦しめるかということを、どこまで実感できていたのかは疑問である。

とは言え、Aがその本の出版のことを、「たったひとつの『生きる道』でした」と書いてあるのを見て、Aが、〝生きる〟ことを求めていることが理解できる。自らの命も、他人の命も無価値であると考えていたAではなくなったのだと思う。

そこに書かれている事実も詳細な点で、私の認識と合致しており何者かがなりすまして書いたとは思われない。

一見すると、Ａは何の配慮もせずに『絶歌』を執筆したようにみえるが、世話になった少年院の職員などが特定されないよう、表現に気を使っているように思える。しかし、一点だけ不審に思うのは本の中に、Ａが、「少年院の『独房』に入れられた」[5]と書いてあることである。少年院では、「独房」という語は使われない。そこで、生活していた者が「独房」という語を使用するのは不自然な感がある。ただ、少年特有の「文学的」な感覚でそのような言葉を使用している可能性もあると考えている。

## 5　記録廃棄問題

「本件に関する裁判記録がすべて廃棄された」とそれを発見した神戸新聞の記者から聞いたとき、何かの手違いでそういうこともありえるというくらいの感想であったが、他のいわゆる重大事案の少年事件記録も廃棄されていると知って大変驚いた。

4　元少年Ａ『絶歌』（太田出版、二〇一五年）二九四頁。
5　元少年Ａ・前掲註4書二六九頁。

私は、いじめ自死事件の遺族の代理人として長く活動してきているので、遺族がどのような書類でも、亡くなった子に関連する書類は〝その子が生きた証し〟として大変大事に思っていることを知っているからである。

それに、そのような記録が廃棄されてしまうと、その事件を後日検証して事件再発防止に役立てることができない。かつては最高裁判所事務総局家庭局編「家庭裁判月報」、現在は「家庭の法と裁判」（日本加除出版）、裁判所職員総合研修所「家裁調査官研究紀要」（法曹会）などで、少年事件についての分析や研究が発表されているが、事件記録が消滅すればそのような研究はできなくなる。

そもそも裁判所が保管している記録といっても、本来的には、それは国民のために保管している情報といってもよいものであり、軽々しく扱うものではない。裁判所の事件記録の扱い方を見ると、それらの事件はもう忘れられてよいものとして取り扱われている気がしてしまう。そして、本件について言えば、我々弁護団は、記録の盗難や流出の嫌疑を受けることを避けるため、すべての記録を廃棄してしまっている。捜査機関には捜査記録が一定数は残存しているとは思うものの、記録全体を復元することはもはや不可能である。

# 第3章 タクシー運転手強殺事件――虐待のはて

## 1 事件の概要

神戸連続児童殺傷事件等を契機に、「少年を甘やかすな」、「少年法は甘すぎる」との〝世論〟が高まっていた一九九〇年代末、兵庫県内において、一六歳の少年と少女がタクシー運転手を殺害し金を奪うという事件が発生した。マスコミは大々的にこの事件を報道し、とある週間誌は、一六歳の少女を「極悪非道の女子高生」と書きたてた。しかし、少年（以下、Bという）の刑事裁判において検察官は、

「ごくふつうの女子高生を悪の道に引きずり込んだ少年」

と主張した。私はその少女の弁護人になったわけではないが、Bの捜査記録を見ると、少

女はBがタクシー運転手を殺害することには始めから反対しており、Bが運転手を切りつけて殺害するときには、

「きゃー、怖い、やめて」

と叫んで、目をおおいしゃがみこんでいたのである。

我々はこの事件でBの付添人、弁護人となった。

## 2　審理がほとんどなされない家裁の審判

捜査段階から私を含め三名の弁護士が弁護人となり、Bと警察署で接見した、Bはおとなしく気の弱い、幼さの残る少年に思われた。事実を争っているわけではなく、嘘を言って逃れようとする様子ではなかった。しかし、何かうわの空というのか、自分のしたことの現実感があまりないように感じられた。

少年の言動に違和感を感じた我々弁護団は、家裁段階でも少年の精神鑑定、少くとも少

年の精神状態の精査を求めたが、そのような調査、審理はほとんどなされないまま逆送決定がなされた。

この時の調査官の報告書の表現は次のようなものであった。

「少年は保護処分で更生する可能性も考えられないではないが非行事実が重大なので刑事処分が相当である」

非行事実が重大かどうかは調査官の判断は必要ない。それはいわば法的評価であり裁判官が判断すべきである。行動科学の専門家として調査官は自己の見解を述べればよい。調査官の報告書は、裁判官の意見を忖度してなした意見(報告書)のように、私には思われる。

少年は供述を拒否する態度は示さなかったが、言葉数は少なく、問いかければポツポツと答える状況であった。

Bは、少年鑑別所に入所してから自分の生いたちを尋ねる私たちに、少しずつ思い出すようにして自分の幼い時の体験を語ってくれた。

私たちが、Bの供述と捜査関係書類等で知りえた事実は次のようなものであった。Bは、弟と二人兄弟であったが、Bが小学校一年生の時、父母が離婚し、Bたちは父に育てられた。父親は我々が見たところ、男らしいが格別に粗野な点は見受けられず、実直な人に見えた。しかし、父親は離婚後Bに激しい暴力を振るうようになっていった。

実は、父親の父親(つまり、少年の祖父)も妻(つまり、Bの祖母)に激しい暴力を振るっており、それは祖母の耳がちぎれかけるほどのものであった。その結果、祖母は自殺した。父親の暴力については、我々がBの鑑別所入所時から少しずつ聞き出していったので、捜査記録にはまったく出ていなかった。

Bの話してくれた父の暴力は、次のとおりであった。

- プロレスごっこと称して、殴る、蹴るの暴力を受け、鼻血を出すのは日常的であった。
- ふとん叩きが折れるほど殴られた。
- 包丁の峰で顔をピシャピシャと打たれた。
- スプレーに火をつけて顔に向けられた。
- ぐるぐる巻きにしばられて、逆さに三階のマンションから釣り下げられた。
- 回っている洗濯機に頭から突っ込まれた。

そのような状況からBたち兄弟は母に会いたくて、二人で自転車で遠く離れた母の所に行こうとした。しかし、子どもなので、高速道路に入り、すぐに保護された。次は捕まらないようにと、二人で山道を何時間もかけて自転車で行き、母に会いに行った。

Bが一六歳になったとき、母がBに、「一緒に住まないか」と言ってくれた。バイト先も探してくれるとのことであった。Bは、喜んで父に話したが、父からすれば、「これまで育ててきたのに」と反発があったと思われ、強く反対した。Bは、父と喧嘩別れのようにして母の所に行った。

母は、バイト先を見つけてくれると言ったのになかなか見つけようとしてくれなかった。そこで、Bは、自分でバイト先を見つけて働き始めたが、後に嫌気がさして、バイトを休みがちになった。

そうすると、ある日、母は手紙を置いて働きに行った。Bがそれを見ると、このように書いてあった。

「アンタはもうダメだから、お父さんの所に帰りなさい」

しかし、Bは、父と喧嘩別れになっているので、もう家には帰れない。Bは絶望的になり、「家を出て死のう」と考え、わずか二千円あまりの金を持って家を出た。それでも、やはり一人ではさびしいので交際していた女子高生を呼び出した。

しかし、それでもさびしくなり、ふと母に電話をした。すると母親は、

「どうせもう家を出たのだからもっと遠くに行きなさい」

と答えた。母親自身は、公判廷で、そのような発言はしていないと述べた。母親が、Bが述べたような発言を本当にしたのかどうかは確かめることはできない。しかし、Bがそう思いこんだのは事実と思われる。Bはその後、三日三晩シンナーを吸い続け、本件非行に至っている。

母の態度は、精神的にBを遺棄したものであり、精神的虐待ともいえよう。

## 3　少年の心理、環境に目を向けない地裁の裁判

地裁段階で我々弁護団はどのような弁護方針をとるべきか議論をした。Bの行動があまりに突飛であり、面接時のBの言動に違和感を感じた我々は心神耗弱の主張も考慮したが、そこまでの異常さは感じられなかったので、いわば情状の立証として精神鑑定を申請した。犯罪事実そのものは争いようがないので、弁護団としては広義の情状弁護に力を注ぐしかなかった。特に、本件非行が少年本来の残虐さによるものではなく、少年の未熟さや身体的、精神的虐待によるものという点を強調し、少年法五五条決定をめざし、それが万一不首尾に終っても、酌量減刑を得たいと考えていた。

したがって、刑事事件の通常の手続よりも、より詳細に少年の生育環境や心理状況を専門家により精神医学的、心理学的に明らかにしたいと考え、精神科医による鑑定を申し出たのである。

しかし、それはあっさり却下されてしまった。

母親の証人申請は認められたが、母親はいわば自己弁護のような態度をとり、特に少年

に有利な証言は得られなかった。

せめて、本人に〝反省〟の態度を示すようにとあれこれ工夫してみたが、面会での本人の話し方も、断片的で、嘘を言っているわけではないが、何か他人事のような話しぶりで、まるで夢の中のことを語っているような印象であった。

私は、愛する、頼りにしている夫を失った奥さんや、大好きな父を失った娘さんの悲しみをBに実感させようと、殺害された運転手さんの家庭を想像させてみることにした。そして、その想像を絵(イラスト)に描かせてみた。もうBの記録は廃棄してしまったので正確には再現できないが下図のようなものであった。

Bが想像したタクシー運転手の家庭

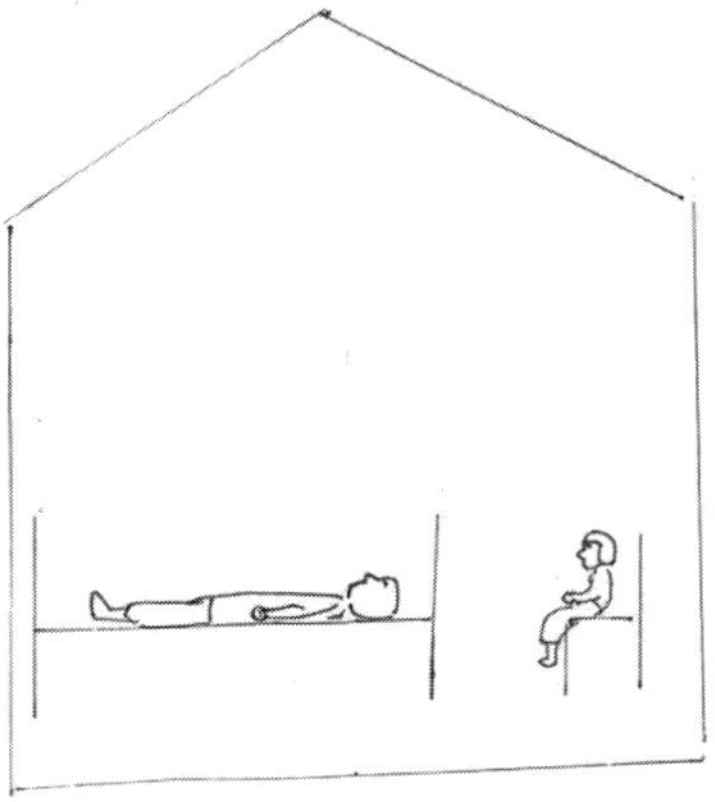

Bの説明によるとお父さんが眠っており、娘さんが側に座っているという、なんとさびしい絵であろう。Bには、そもそも暖かい、楽しい家庭生活の体験はなかったから、想像させようとしても無理なのである。

なんとか、父親の虐待だけでも証明しようと思ったが、判決では、少年が取調べ段階で虐待についてまったく述べていないのに、鑑別所に入所してから虐待について語り始めるのは不自然で、罪を軽くしようとする言い逃れに過ぎないとされた。

家裁の調査結果も十分ではないものの刑事裁判において、多少はそれも考慮してもらえるかと思ったがまったく触れられていなかった。

そして、情状については特に酌量する事情はないとして、求刑どおり懲役一五年の判決が下された。

少年法五〇条には、「少年に対する刑事事件の審理は、第九条の趣旨に従って、これを行わなければならない。」と規定されており、同法九条には、調査の方針として、「医学、心理学、教育学、社会学その他の専門的知識」を「活用して」とある。しかし、地裁の審理のどこにもそのような配慮は見出せなかった。

判決後の記者会見で記者から、「弁護方針が誤っていたのでは」と問われ、弁護人の無力さを指摘された気持ちになった。記者から見ると、弁護団はむりな弁解をして、裁判官の心証をかえって悪くして、結果的に重い量刑になったと感じられたのである。しかし、我々としては記者を説得しうる材料をほとんど持っておらず、反論ができなかった。

一方、四件の殺人事件を起こした一九歳の少年の刑事事件の控訴審である東京高裁は、一九八一年に、「石川鑑定書」と言われる精神鑑定をもとに一審の死刑判決を破棄し、無期懲役を言い渡した。この鑑定書は、二百七八日間もかけて作成され、永山少年の生育歴の筆舌につくしがたい過酷さを詳細に指摘し、母親の生育史にまで及んだという[1]。

現在では、DVを受けた少年のPTSDや精神発達への悪影響について、かなり研究も進んでいる。Bについても、きちんとした精神鑑定がなされれば、石川鑑定を上回る精神医学的分析も可能であったかもしれない。

この高裁判決の一部を以下に引用する。

「被告人は当時一九歳であつたから、法律上は死刑を科することは可能である。しかし、少年に対して死刑を科さない少年法の精神は、年長少年に対して死刑を科すべきか否かの判断に際しても生かされなければならないであろう。殊に本件被告人は、出生以来極めて劣悪な生育環境にあり、父は賭博に興じて家庭を省みず、母は生活のみに追われて被告人らに接する機会もなく、被告人の幼少時にこれを見はなして実家に戻つたため、被告人は兄の新聞配達の収入等により辛うじて飢えをしのぐ等、愛情面においても、経済面においても極めて貧しい環境に育つて来たのであつて、人格形成に最も重要な幼少時から少年時にかけて、右のように生育して来たことに徴すれば、被告人は本件犯行当時一九歳であつたとはいえ、精神的な成熟度においては実質的に一八歳未満の少年と同視し得る状況にあつたとさえ認められるのである」[2]

この判決を読むとき、一八八〇年制定の旧刑法では二〇歳まで死刑が一律に否定されていたことが思いおこされる。[3] 一方、光市で発生した少年による母子殺人事件の刑事事件について、死刑が当然で、そんな少年を弁護すること自体を不当とするような論調が平気

1 堀川恵子『永山則夫　封印された鑑定記録』(講談社、二〇一七年)二四頁。著者は、この鑑定書とそのもとになった録音テープを入手し、永山少年の生育歴、犯行の動機等をきわめて詳細に説明している。
2 東京高判昭五六・八・二一東高刑時報三二巻八号四六頁。
3 守屋克彦＝斉藤豊治(編集代表)『コンメンタール少年法』(現代人文社、二〇一二年)五頁。

でなされたことを思うとまったくやり切れない。

私が、現在B事件の弁護人となったらこのようにしたであろうことを述べてみたい（以下は裁判員裁判を想定したものである）。

刑事手続の始まる前に、業績のある著名な精神科医にB少年に会ってもらい大まかな印象を持ってもらう。そして、この少年の当時の精神状態について、いかなる診断がなされるか、そう診断する根拠は何かを意見書に書いてもらい、それをマスコミに報道させる。その意見書をもとに、まずは精神鑑定を請求する。少年が幼い時に父による激しい暴力を受けていたこと、事件直前に母から見捨てられたことがどのように少年の精神にゆがんだ影響を与えていたのかということ、事件の衝撃によって少年に健忘や解離症状が発生することを鑑定により明らかにしたいのである。しかし、いきなり裁判所に鑑定を申し出ても、法廷では明白な異常な行動を示していない少年の心理状況を、情状立証のために鑑定をすることを裁判所はなかなか認めてくれないであろう。マスコミや世論が、少年も被害者であるとして、その被害の実態、精神発達のゆがみの原因を明らかにすべきという方向になれば、裁判所も考えを改めるのではないかと期待するのである。

精神鑑定が許されなければ、精神科医に面会や法廷傍聴を続けてもらい、その結果を学会にて発表し、広い議論を起こし、私的鑑定書を作成し、これを裁判所に提出する。その受取りを拒否されれば、それを問題にしてマスコミに訴え、研究者の私的鑑定書を広め、二審で再度鑑定を求める。

また、裁判開始時（準備期間も含む）に裁判員に対し、パワーポイント、ＤＶＤ、パソコン画像などを使用し、少年事件（少年法）の解説を含んだ形で、事件の立証計画を説明する。裁判員は、少年法や少年事件の手続をほとんど知らないので、調査官の報告や鑑別所の意見を理解するためには十分な事前の説明が必要である。[4]

## 4　判決後の少年の様子

判決後、Ｂとは刑務所で三度面会し、釈放後も何度か会っている。特に重大な再犯というものはなかったようであるが、出所後のＢを見るたびに、人生を前向きに生きていこう

4　裁判員制度における少年の刑事事件については、福岡弁護士会子どもの権利委員会（編）『少年事件マニュアル―少年に寄り添うために』（日本評論社、二〇二一年）一三〇頁と『少年事件ビギナーズ Ver.2.1』（現代人文社、二〇二三年）一九三頁以下がわかりやすく便利と思われるので参照されたい。

とするエネルギーが失われているように感じた。少年は家裁の審判や地裁の刑事裁判のなかで、自分の主張はまったく相手にされず、受刑中も両親が面会にほとんど来ず、格別の支援者もなく、孤立無援な状態であった。受刑施設からも、結局、高くは評価されなかったようで、仮釈放も受けられなかった。これでは生きる意欲を持ちようがない。

　遠方の刑務所に収監されたこともあり、十分なフォローができなかったことがくやまれる。今は、遠くで彼の立直りを祈ることしかできない。

COLUMN

# リンゴはリンゴの力で育つ

無農薬無化学肥料でリンゴを育てている木村秋則さんという人がいる。彼のリンゴは長く置いてもひからびることはあっても腐らないという。[1] ある時、木村さんがＮＨＫの番組に出て、「無農薬でリンゴを栽培している木村さんです」と紹介された。すると、木村さんは、「私はリンゴを栽培なんかしていません」「リンゴが育つのはリンゴの力です」と述べた。私は何を言っているのかわからなかった。木村さんのお話は次のようなものである。

木村さんは無農薬でリンゴを作ろうとしたが何回やっても失敗し、借金も重なり、もう死のうと思うほどに思いつめ、一人山中をさまよっていた。疲れ果てて倒れて意識を失った。気がついて、目を開けると夜になっていた。気持ち良い風がさわさわと吹き、目の前

1　木村秋則『リンゴが教えてくれたこと』（日経ＢＰマーケティング、二〇〇九年）。

にはどんぐりの実がたわわになっていた。その時ふと思った。どんぐりは何も農薬も肥料も使っていないのになぜこんなに実るのか。その時、彼は自分が倒れている大地がフカフカと気持ちの良いことに気がついた。「そうだ雑草だ」。雑草がはえることにより空気の流通が良くなり、土に栄養ができる。このように思いついた木村さんはリンゴ園には雑草をはやすことにした。車を使って消毒液をまくと地面が固まってしまって雑草が生えにくくなるからと、農薬のかわりの柿の酸をかついでリンゴの木に吹きかけるなどした。木村さんは、リンゴが育つのは、木村さんの力ではなくリンゴの力であるというのだ。リンゴが育つ環境さえ整えれば、リンゴは勝手に育っていくということであろう。

私は少年が育つのもそういうことなのかと思い至った。少年が〝更生〟し、あるいは、〝まじめ〟になったと思われるとき、多くの親は、「みんな先生のおかげです」とお礼を言ってくれる。その気持ちには嘘はないと思うが、私はいつもこう答える。

「いや、私のせいではありません。みんなお子さんの力です。それにあなた方の愛情です。私はちょっと手を添えただけなのです。これからも息子さんの伸びる力を信じて、息子さんをかわいいと思ってくださったらそれで十分です」

COLUMN

# 小柄な先生の大きな背中
## ――元少年から見た野口弁護士の活動①

野口先生と初めて会ったのは、僕が一九歳のときでした。もう三〇年以上前の話なので、記憶は曖昧ですが、一生懸命話をしてくれる姿に、自分の味方になってくれる人だなという安心感と信頼感を覚えたことを記憶しています。僕は保釈されて審判までの間、更生に向けた生活をしていました。最初の二週間くらいは野口先生の事務所で働かせてもらいました。自分の刑事事件の書面を提出するために裁判所に持って行ったこともあります。その後、野口先生が見つけてきてくれた高齢者施設でボランティアとして働きました。利用者さんから「ありがとう」と言ってもらうことが嬉しかったです。もちろん利用者さんは僕がどんな罪を犯したかなんて知りません。それでも罪を犯した自分に「ありがとう」と言ってもらえる。こんな自分でも人の力になれるということが本当に嬉しかった。

事件を起こして、当時通っていた学校を辞めることになってしまいましたが、人と関わる仕事がしたいと思って、専門学校に通い、今の仕事に就くことができました。

僕の両親は学校の先生で、家の中でも隙がないというか、僕の前で弱い姿を見せることはありませんでしたが、野口先生は違いました。司法試験に挑戦中に奥さんに面倒をみてもらっていたことも、「僕は嫁さんのヒモだったんだよ」と話してくれて、自分の弱みとかカッコ悪い話も打ち明けてくれることが嬉しかったです。重たい鞄を持って走り回る小柄な野口先生の姿も間近で見ました。自分の親が実際に働く姿を見る機会がありませんでしたから、僕にとって、大人が一生懸命仕事をしている姿を見たのは野口先生が初めてでした。それも僕にとっては新鮮に映りました。事件が終わったあとも、野口先生とは連絡を取り合っています。柔道で段位をとったときも、「よくやったねぇ。頑張ったね」と褒めてくれましたし、結婚を報告したときもとても喜んでくれました。奥さんと三人でご飯に行ったこともあります。野口先生は僕にとって第二の親のような存在です。

野口先生に限ったことではないのかもしれないけど、野口先生は、力でねじふせようとするのではなく、言葉でしっかり僕を守ってくれました。裁判官とも戦ってくれました。野口先生との出会いは、僕にとって人生のターニングポイントだったと断言できます。野口先生から、まっとうに生きることの大切さを学びました。

COLUMN

# 先生のくれた、心の余白

## ——元少年から見た野口弁護士の活動②

野口先生には、一昨年お世話になりました。えらい先生と聞いていたので、初めは怖い先生ではないかと心配していました。しかし、いつも、親切に僕の言う話を聞いてくれるので、信用できる先生だと思うようになりました。事件のことで、何かお説教されたことは一度もなく、ウンウンと僕の話を聞いてくれていました。これまで月一回くらいお会いして、食事をごちそうになったりして楽しい時間を過ごしました。

初めは、野口先生が私に向かって注意するのかと思ったのに、ちょっと拍子抜けして不思議に思いました。しかし、すぐに、これは野口先生が私のすべてを受け入れてくれているということなのだと感じました。

野口先生がたまに私に質問するのは、私がその時間を楽しんでいるとか、将来どんなことがしてみたいかということですが、私が何を答えてもご自分の意見を言われることはありませんでした。しかし、今考えてみると、私はいつの間にか、以前と比べて自分の考えで物事を判断し、それを口に出せるようになったと思います。

現在は、元気で大学生活を送っています。昨年末に、「もうこれで卒業だ」と言われ、寂しくなりました。これからも、半年に一回くらいはお会いしたいなぁと思っています。

野口先生は、いつもとても忙しいのに、私たちのために、夜遅くまで時間を割いてくれています。働きすぎに気をつけてこれからも元気でご活躍されますようお祈りしています。

第2部

# 付添人という仕事

## 少年法を実現する付添人活動

# 第1章 付添人は何をなすべきか

## 1　少年に付き添うとは

### (1)　愛された感覚のない少年

私は、非行、特に重大な非行をなす少年は、親に愛された感覚を持たない人であると感じている。そのために、自己評価が低く、自分の生命の尊さを感じられないため、他人の命の尊さも感じられないのである。

その少年たちに、真の反省や更生を期待するためには、少年が愛されているという感覚が持てる体験をさせねばならない。

だからこそ、家庭裁判所のスローガンが、「少年に愛を」とされていたのである。

そもそも、子どもを愛するとはどういうことであろうか。私は教育学や心理学の専門知識はないが、次のように考えるに至った。

私の息子が、二歳くらいであったろうか。私がごはんをスプーンで口に入れてやっていると、息子は「自分で！」と主張した。そこで、スプーンを渡すと、うまく口に入れられず、ごはんがポロポロと下に落ちてしまう。私が、「汚いな」と辟易としてそっぽを向いていると、息子は、「見てて」と叫んだ。自分が上手に食べるところを見てほしいのだ。

その時、私は、これかなと思った。子どもは成長し、自立を求めるが、その一方で保護されたいのだ。私が、ある研究者にこの話をすると、その方は、「それは権利条約に書いてあるね」と言う。

権利条約の特徴は三つのPと言われる。

- Provision（供与）
- Protection（保護）
- Participation（参加）

この三つのうち参加（自立）と保護が、「自分で」と「見てて」に当たる。

るのは短期間に簡単にできることではない。

## (2) 心に寄り添う

親に愛された感覚のない（または非常に少い）少年たちの付添人として少年たちに信頼されるのは短期間に簡単にできることではない。

お説教や表面的な言葉がけはまったく通用しない。

少年の気持を理解し、あくまでその気持ちを尊重しながら、こちらが常に少年の味方であることを少年に伝えねばならない。

こちらとしては少年の気持ちを理解しているつもりでも、実際には理解できていないことが多いのだ。しかし、理解しようと必死に努力を続けている姿勢をこちらが示していれば、少年の方から少しずつ近寄ってくれる。

心に寄り添うからといって、少年の主張をすべてそのまま肯定するわけではない。

たとえば、こういう例をあげよう。ある少年が少年院で供された牛丼に牛肉が入っていなかったので、「こんなのは牛丼ではない」と言って暴れたという話をしたとする。この話を聞いて、「それは暴れるよな」というのは正しくない。私なら、「それはたしかに牛丼とは言えないね」、「腹も立つよな」と言うだろう。そういうことを話しているうちに、少年は落ち着いてきて、「でもそんなことで反省室に入れられて損をした」と言い出してくると、「そうだ。酷い目に遭ったな。損している」と言う。

本人がすっかり落ち着いた段階では、「君はこう言うことで今まで他でも損したことがあるのかな」などとちょっと水を向けてみる。これに彼が乗ってきて、昔のあれこれのことを思い出してくると、関心を持って聞く。たくさん昔の失敗した経験を思い出した彼は、自分が短気を起こして損をしていることに気づくであろう。

その時、「私でも腹は立つんだけど、こうするといいと思うんだ。まず、すぐトイレに行くんだ。そこで、トイレをしながら口の中で『この野郎』『この野郎』と何べんもブツブツ言い続ける。そうしていると、自分が本当に腹が立っているなとわかる。そうやっていて気持ちが少しずつ収まっていくと、何で自分はこんなに腹が立ったのかと考えるんだ。初めは相手が〇〇ということを言ったからなどと事実を確認する。そうして一〇回くらい深呼吸するんだ」などと言うのだ。

心に寄り添うと言ってもそれは、少年の感情を受け止めるのを優先し、あれこれの指示はしないということであって、具体的な行動をすべて支持するわけではないのだ。

## (3) 警告より〝共働〟

「こんなことをしていたらだめだよ」、「このままでは少年院だよ」などの警告は誰でもすることである。しかし、それはまったくと言ってよいほど、効果がない。それより少しましなのが助言である。

「ハローワークに行って、自分の好きな仕事を見つけたらどう？」
「何か、楽しいことをやって気晴らしをしたら？」

などである。しかし、これもそれほど効果がない。

一番効果があるのは〝共働〟である。たとえば、少年に仕事をさせようと思うと、私は一緒にハローワークに行く。私は、パソコンが苦手なので、係の人から教えられても、なかなかうまく操作できない。それに較べて少年は飲み込みが早い。「先生こうやるんだよ」と言って教えてくれる。こちらは、「ああ、そうか君はすごいな」と言ってほめる。そういう作業を二人で一緒にしながら仕事を探すのである。

書類に書き込むのは、私の方が得意なので手伝ってやる。少年が、野球をしていれば二人でバッティングセンターに行く。私はもう目が悪くなって空振りばかりしている。少年は、スコンスコンとホームランばかり打っている。こちらも、諦めずに打っていると、少しはバットにボールがかするくらいにはなる。こういうことをしながら、「君はすごいな」とほめるのである。こうやって一緒にやっていれば、単に口先だけでほめるよりずっと効果がある。

少年の感化、教育に力をつくしたキリスト教教誨師として著名な留岡幸助氏の四男である留岡清男が次のように述べている。

「(少年たちに)薪を無駄に使わないように注意する。注意したときは改めるが、またこれを繰り返す。注意をかさねる根気がなくなると、拳骨をくれる。その時は改めるが、またこれを繰り返す。私は少年たちにとって注意や、警告や、拳骨は畢竟役に立たないということを知るようになった」[1]

1　留岡清男『教育農場50年』(岩波書店、一九六四年)七一頁。

## (4) 何者をも怖れず、何事をも惜しまず

私の仕事の様子を見ている人たちは、「それって、弁護士のやることですか?」、「そこまでやらなくてはいけないのですか?」と驚かれる。

しかし、自分がその子の親であったらどうであろうか。親であれば子どものために何でもしようという親が多いのではないだろうか。もちろん、本当の親のようにしてあげることは、経済的にも、体力的にも、時間的にも不可能である。しかし、法律に反しない限り、少年のためになることであればできる限りどんなことでもするし、相手が誰であれ、言うべきことは言うというのが、付添人としてのパレンス・パトリエ(国親思想[↓217頁])の実現と思っている。

第1部第1章で紹介した「20 一番手のかかった少女」[↓77頁]のA子のエピソードをひとつあげよう。私はA子の審判終了後も、A子の身元引受人のように行動し、仮退院後は担当保護司にもなり、観察終了後も、しばしば会っていた。そのA子が私の事務所に遊びに来た帰り道で、何も悪いことをしていないのに、ヤンキー風のかっこうをしていたことから、たまたま別件で通りかかった警察官が、しつこくA子に職務質問を続けたことがあっ

た。私はたまたまそこを通りかかり、気になって二人の様子を見守っていたが、警察官があまりにしつこくA子に職務質問を続けるので、側で聞いていた私も、ついに立腹して、警察官を追い返したことがあった。A子は、「先生も、けっこう短気なんだな」と言って、それ以降、ずっと仲良くなった。

## (5) 親を責めるな

少年たちの家庭を見ていると、つくづく「ひどい家庭だ」、「ひどい親だ」と思うことは多い。少年を少年院に入れるより親こそ少年院に入れたいと思うことも何度もあった。少年にひどい暴力をふるったり、ネグレクトしている親を見ると、誰しも、問題は子どもにあるというより親にも問題があると思うだろう。第1部第1章で紹介した少年たちの多くは、多少なりとも親に問題があるといえる事例である。特に、同部第2章「神戸連続児童殺傷事件」[→101頁以下]、同部第3章「タクシー運転手強殺事件」[→123頁以下]など、重大事件についてはそう言える。

今、振り返ってみると、そうして親を責めていたことが多かった。しかし、親は責めてもまず変わることはない。しかし、難しくても親が変われば必ず子どもは変わる。少年のために大きなエネルギーを使うのと同等のエネルギーは必要かも知れないが、親が変れば子どもは必ず変わるとすればチャレンジする価値がある。

何とか親を励まし、自分の問題に気づく勇気を持たせるべきだと最近になって考えるようになった。

そこで、私は、『親をせめるな―わが子の非行に悩む親たち、親を応援する人たちへ』(教育史料出版会、二〇〇九年)という本を出版した。少年は親に反発しているが、内心親を求めていることが多い。その時、親の少年に対する接し方が少しでも変れば少年は急激に変化する。

第1部第1章「16 〝だっこ〟の重要性」[→64頁]で述べたように、母親に反抗していて、二度も少年院に行った娘に対し、母親が、ふとわが子がふびんになって少女の肩を抱いたら、少女は〝ビクン〟と反応し、それ以降態度が変っていった。親のそれだけの行動で、少女が親を信頼するように変っていったのである。

良くも悪くも、親の子に対する影響力は非常に大きい。もっとも、残念ながら最終的に親子分離が子どものためになるケースが存在することも事実であるが……。

## (6) 少年に裏切られたと思うとき

自分が付添人になったのに、少年が再非行をすると、「裏切られた」、「もう少年事件はやりたくない」と言う弁護士もいる。

〝裏切られた〟というのはどういうことであろうか。弁護士からすれば、自分が精一杯、少年を助けたのに、少年はそれを理解せず、自分勝手な行動をしていると腹が立つのであろう。弁護士が、少年のために努力はしたが、その期待に反して少年が再び非行をしたということである。しかし、そもそもその期待というのはどれだけ確かな根拠があったのだろうか。弁護士が、「これをすれば問題はすべて解決する」と勝手に思いこんでいたのか、「十分なことはしてあげた」と自己満足していただけではないのか。

そのことは、少年が悪いというより、弁護士の力が足りなかったか、弁護士が予想していなかった重大な問題を少年が抱えていたかではないだろうか。それを少年のせいにするのはむしろ少年への裏切りではないだろうか。

## (7) 未経験こそ武器

このような話をしていると、「自分には付添人などする自信がない」という若い弁護士も多い。

しかし、若いということだけでもそれは武器になる。若い人は、少年に近い体験をしている。たとえば、音楽やコミックやゲームなどを少年と共通の話題にすることができる。それに何よりも若い人は豊かな感受性とあふれる情熱を持っている。私が二〇歳の大学生の頃、私の担当している少年がシンナーを吸っていると学校から母親に連絡があった。父親はまじめな人だが少年には厳しく接していた。少年は父に反発し、あるいは、怖がってたびたび家出をしていた。そこで、母親と私は相談し、少年が少し落ち着いてから父親に話そうということで、一カ月ほど父親にはシンナーのことはふせておいた。

ところが、父親にシンナーの話をしたとたん、父親は、「私のことがそんなに信用できんのか」と怒り出した。すると、側にいた少年の兄や姉が、「お父さんがすぐ怒るから、悪いんだ」と抗議し、家中で口論となってしまった。私はどうしたらよいかわからず、家族の口論を見ていたが、「この家族はどうしてこんなに争わねばならないのか」と思い、急に悲しくなってしまった。私は黙ってポロポロと涙を流してしまった。すると、皆はあっけにとられ、黙ってしまった。一週間ほどして、少年の父親に会うと、父親は、「他人のことで、涙まで流してくれる人はいない」と言ってくれ、その後、父親の少年に対する態度は変っていった。

また、これまで少年事件付添人として目覚ましい成果を残したのは、若い弁護士が中心となった弁護団である。第2部第1章2(8)で述べる綾瀬母子殺人事件〔↓174頁〕で活躍した弁護士たちは、当時皆若手であった。第1部第1章「初めての冤罪事件──八王子暴走族事件」〔↓12頁〕で中心となった吉峯弁護士は弁護士一年生であった。

## (8) 少年とともにいる喜び

周りの人たちから、「先生は、よくそんなに大変なことを続けられますね」と言われる。たしかに、重大な問題を抱えている少年も多く、自分の思いどおりの結果が得られぬことも多い。しかし、少年とともにいて、少年が目を見はるように成長し、回復するのをしばしば目にすると、少年の無限の可能性に感動し、きわめて楽天的な心境になる。

「もうダメだ」と思っていても少年には立ち直る可能性がある。これが、私の生きるエネルギーとなっている。百年以上も前に、少年法を世界で初めて創り出そうとしていた人たちは、それまで主流であった伝統的刑罰論を打ち破るため、少年を刑罰によらず、親のような愛情を持って少年を育成するという理論の根拠を探し、パレンス・パトリエ（国親思想）の理論を思いついた〔→215～219頁〕。このパレンス・パトリエを唱道していた人々の楽天的な世界観が、私の中にも生き続けているといってもよい。

## 2　審判への準備

### (1)　初めての失敗

弁護士になって初めて、付添人になったとき、始まりから失敗をしてしまった。この当時は入門書やマニュアルなどはまったくなく、教えてくれる先輩もいなかったので、まず家裁に行けば記録を見せてくれるだろうと行ったのはよいのだが、そもそも肝心の選任届を出していなかった。

最近は、日弁連等から立派なマニュアルが出ていて、丁寧に説明しているので、それを読めばまあ大きなまちがいはない。しかし、慣れないことだから、どうしてもちょっとした失敗はするものである。まずはめげずにやることである。

あせって早く事実を確認しようとか、少年から早く反省の言葉を引き出そうと慌てないことである。少年にしろ、親にしろ、悪気はなくても、いつも本当のことを言うとは限らないし、捜査書類に真実が書かれているとも限らない。

まずは、相手の言うことに謙虚に耳を傾け、客観的証拠をもとに冷静に判断しようと活動していけば大きなミスは犯さない。経験のある弁護士の意見に頼りすぎはよくないが、どんなことでも参考までに聞いてみるのは有益である。

## (2) まず家にいく

私が付添人となったときは、まず初めに家に行く。親に会ってどんな少年か聞き、どんな暮らしをしているのか、親はどのような親なのか、を知るためである。少年に会う前にできるだけ少年のことを知っておきたいのである。事務所で親の話を聞くだけでは本当のことはわからない。

まず、家に入ったとたんに家の雰囲気はわかる。ごちゃごちゃとちらかり、足の踏み場もない家、第1部第1章「16 〝だっこ〟の重要性」〔↓64頁〕で述べた少女の家のようにほとんどの障子が破れ、さんだけになっている家、同部同章「20 一番手のかかった少女」〔↓77頁〕で述べた少女の家のように少女の部屋だけ布団以外、何もない家、きれいに片づいてしかも居心地の良い家、きれいではあるが飾りは何もなく冷たい感じのする家とさまざまである。少年が、どのような家で生活しているのかとまず見るのである。

特に、少年の部屋に入って見る。汚くても、少年が楽しんで暮らしているのか、寝るだけに家に帰るのかすぐわかる。少年の好きな音楽のCDやDVD、好きなコミックなどがあり、サッカーのボールがあったり、ダンベルがあったり、少年野球で優勝したカップがあったりする。好きな歌手の写真なども置いてある。このような場合はそこで生活しているのがわかる。逆に、ベッドとテレビ、衣類しかなければ、少年は、ほとんどそこでは生活していない、少くとも、その部屋で楽しんではいないことがわかる。

親に会って話を聞くときに、少年のアルバムや通知表、作文などを見せてもらう。少年のことを気づかっている親はアルバムや通知表だけでなく、本人の賞状やら夏休みの工作、本人の描いた絵などもいろいろな物を嬉しそうに見せてくれる。アルバムも通知表もまったく置いていない家もある。

ある一定の時期、たとえば、小学校二年生からぱったりと写真がなくなっていることがある。そのことから、その時、家庭に重大な事件があり、親に余裕がなくなったことがわかる。

親が、少年が小学生の時、少年野球で活躍し、その応援にいつも行っていたと言い出せば、親にとって今は、〝困った子〟ではあっても、本来は良い子なのだと思い出すこともできるし、いろいろなエピソードを語らせることもできる。

部屋にプラモデルがいっぱいあったのを見て、少年に面会に行ったときに、少年にプラモデルの話だけして帰ったこともある。部屋にダンベルが置いてあったり、少年が体を鍛えていることがわかれば、鑑別所で腕ずもうをすることもある。ペットがいれば、誰が世話をしているか聞いて、少年がよく世話をしていると聞くと鑑別所あるいは警察署で面会の際、「〇〇ちゃん(ペットの愛称)が寂しがっているぞ」と言ってみる。

少年が、その家で楽しく暮らしていることがわかれば、私はこのように言って親を励ます。

「大丈夫ですよ。あなたのお子さんはきっと立ち直ります。お子さんは家で安心して暮らせる環境にいるからです。私もあなた方が安心できるまで協力します」

### (3) 反省させるとは何か

弁護士も裁判官も、多分、多くの親も、警察官も、「君は本当に反省しているのか」と聞く。しかし、そこで少年が「反省しています」と言ったところで、反省していることにはならない。そのことは、少年事件の関係者であればたいていわかっているが、それでも「反省しなさい」という言葉をついつい言ってしまう。少年は、「反省しなさい」と言われたから反省するものではない。「自分の心の痛みに気づくことから真の反省が始まる」という指摘もある。[2] 私も同感である。

しかし、自分の心の痛みに気づくのは、少年が心を落ち着かせ、十分に自己をふりかえる余裕ができてからである。「反省しなさい」と言われても、むしろ自分を防衛したり、反抗しようとしたりする。私も少年に、「反省しなさい」と言ったことは一度もない。そのことは、第1部第1章「20 一番手のかかった少女」〔↓77頁〕の少女のところで述べたとおりである。

少年が安心し、心を落ち着かせることができるのは、少年にとって我々は味方であり、何を言っても、この人は自分を受け容れてくれると少年が得心してからである。

少年を安心させる言葉の一つは、第1部第1章「5 俺はお前と勝負している」〔↓23頁〕で述べたとおりで、あくまで少年を見捨てずにどこまでも少年に寄り添うという言葉がけである。そして、言葉だけでは足りず、長期間少年とともに楽しみ、ともに悩み、ともに考え、必要な援助をできる限り行っていく、という行動が必要である。

たかが、一〇日か二〇日あまりの警察での勾留や、四週間の鑑別所の観護期間では、真の反省など望むべくもない。その時点では、せいぜい少年が自分を見つめるきっかけを作るというのが私たちのできることである。

## (4) 親が変われば子どもは変わる

〝真の反省〟など短期間に無理だとして、少年が少しでも自分のことや自分の行動を内省するきっかけを作るにはどうすればよいのか。

多くの少年は親に反抗する態度を示しているが、その実、親の愛情を求めている。親が

2 岡本茂樹『反省させると犯罪者になります』(新潮社、二〇一三年)一二三頁。

本当に自分のことを思い、自分のことを理解しようと思っていることを知れば、ほとんどの少年は急激に変っていく。

そして、多くの親は、本当は少年のことを愛している。ところが、少年が非行に走ると世間から親の責任を問われるし、自分でも責任を感じる。そこで、親は、少年が非行に走ったのは子どものせい、あるいは配偶者のせい、として無意識のうちに自己防衛に走ってしまう。

そのような親たちを、安心させ勇気づけることが必要である。第2部第1章1「(5) 親を責めるな」で述べたように〔↓151頁〕、親たちも、自分が責められないと安心すれば自分のこれまでの子どもの育て方、子どもへの接し方の問題点に気づくのである。

親が子どもへの態度を変化させると、子どもは劇的に変化する。第1部第1章「16 〝だっこ〟の重要性」で述べた〔↓64頁〕、母に肩を抱かれただけで変っていった少女のケースはその一例である。

## (5) 社会資源発掘

第1部第1章「9 この子は絶対逃げますよ」〔↓38頁〕、「11 妊娠七カ月でネットカフェ暮らし」〔↓46頁〕、「20　一番手のかかった少女」〔↓77頁〕などでも詳しく述べているが、親への働きかけだけでは少年の立直りは困難と思えば、私はあらゆる制度、あらゆる団体、あらゆる個人の助けを借りることにしている。

第2部第4章「(3)　補導委託の死滅」でも述べるとおり〔↓269頁〕、集団処遇を行う試験観察補導委託は事実上死滅した。

しかしながら、善意の個人、団体はまだまだ多くある。これまでキリスト教の牧師の野田詠氏さんの「チェンジングホーム」（大阪）には何人もの少年を預かってもらい、事実上、試験観察の補導委託をしてもらった。私としては正式に補導委託施設に認定してもらい委託費を裁判所から出してもらおうと試験観察期間中に何度も担当調査官に補導委託施設としての認定を要望したがまったく相手にしてもらえなかった。野田詠氏さんには、『私を代わりに刑務所に入れてください』（いのちのことば社、二〇一五年）という感動的な著作がある。野田さんが暴走族のリーダーとして暴れ回り、少年院送致の審判を受けたとき、お母さんが、

「私の育て方が悪かったんです。こ、この子を少年院に入れるんやったら、代わりに

私を刑務所に入れてください」[3]

と泣きながら叫んだというのである。この親の愛が、野田さんの回復の大きなエネルギーとなったことはまちがいない。

団体や施設としては児童自立援助ホームやシェルター、更生保護施設等々が考えられる。第1部第1章「9 この子は絶対逃げますよ」のように、特別養護老人ホームで試験観察期間預かってもらって、非常に良い結果を得たこともあった。ホームレスを援助する「神戸の冬を支える会」にも何度もお世話になった。いつも成功するとは限らないし、第1部第1章「20 一番手のかかった少女」のように、さんざん迷惑をかけてしまうこともある。ある意味でずうずうしくお願いするのであり、ご迷惑を承知でお願いするのであるが、そこは第2部第1章1(4)で述べたとおり〔↓150頁〕、「何者をも怖れず、何ごとをも惜しまず」の精神で押し切ってきた。

今さらではあるが、これまでご迷惑をかけた方々や施設、団体の皆様に本書のこの場を借りておわびし、心から感謝申し上げます。

少年の立直りに協力していただける個人や団体を発見したら、審判廷に来ていただくようにお願いし、できれば事前に調査官と面接してもらうよう準備することが必要である。事前に裁判所にその協力者を信頼してもらうことは重要であるし、裁判所の審判にいきなり呼び出された協力者は、慣れていないので思うように自分の考えを供述できない心配があるからである。

## (6) 調査官を説得

事案が重大で、しかも家庭環境、友人関係にも問題があるという場合、少年院送致、あるいは刑事処分のための検察官送致の可能性が出てくる。

付添人としては、少年への働きかけ、親子関係の改善、場合によっては社会資源となる第三者へ少年を預けることなど、さまざまな努力をして、できるならば、施設送致を回避しようと考える。しかし、決定するのは裁判官である。付添人の努力を審判廷で述べ、少年の〝反省〟や親の態度の変化、受入れ態勢の確保を説明するだけでは不十分である。裁判官は、多くの場合、一回で審判を終る。少年に会うのも一度だけである。審判前に捜査書

3　野田詠氏『私を代わりに刑務所に入れてください』(いのちのことば社、二〇一五年)三頁。

類や鑑別結果通知書、特に調査官の報告書を読んでおり、たいていは、それだけですでに心証をとっている。裁判官の心証が、捜査書類に強く影響されることは第1部第1章「1初めての冤罪事件―八王子暴走族事件」でも述べたとおりである〔↓12頁〕。

裁判官の心証を動かすには、まず調査官を説得せねばならない。私は付添人となったらなるべく早期に調査官と会い、まず少年と家庭の問題点を調査官から指摘してもらい、それを解決する方向で活動し、その経過を面接あるいは電話で報告し、少年の更生の道筋を調査官に了解してもらうようにする。それだけでは不十分であると考えたときは、審判前に裁判官との面談を申し込む。残念ながらそれはしばしば断られる。そのような場合、その審判は私の期待に反することが多い。

調査官との面談に先立って、少年の性格や家庭環境などをできる限り調査し、調査官に必要な情報を提供できるようにする。そのことが、付添人の意見の正しさや付添人の熱意を調査官に理解させる資料となる。

## (7) 感銘を与える審判

多くの場合、審判は一回限りである。これが付添人の仕事の総仕上げである。裁判官にもよるが、まず裁判官が先立って事実の確認や少年の〝反省〟の状況や親の意見などを聞くので付添人に与えられた時間は少ない。

付添人の少年への質問は、簡潔で的を絞ったものでなければならない。裁判官は、自分の聞きたいことを聞くので、その段階でかなり心証形成が終ってしまう。その時の少年の答え方いかんで、処分の結果が決まることもありうる。裁判官も、プロであるから、少年が、表面的な〝反省〟の弁を述べたとしても、それで動かされることはない。真の反省には遠いとしても、少年が、自分のこと、自分の非行のこと、両親について自分なりに考え始めていることを、裁判官に理解させるように準備しなければならない。それは、少年にその発言の内容を教えるというものではなく、少年に自分の頭で自分の問題を考えさせるようにしなければならない。

そうして、審判における両親の言葉や、心配をして来てくれた学校の先生の言葉、少年の面倒を見てくれるという雇主の言葉により、少年が自分の問題に気づき、自分を愛し、心配してくれる人がいると実感し、感動する審判にしなければならない。そのためには、関係の人と事前に十分に打合せをしなければならない。仮に、少年が少年院に送致されるにしても、自分には自分を心から心配してくれる人がいることを感じることができれば、少年の更生におおいに役立つ。

このような万全の準備をして審判に臨むと、多くの裁判官は、自分からも熱心に少年に語りかけてくるのである。処分の内容はもちろん重要ではあるが、その審判の進め方も少年の今後にとって大きく影響するのである。

## (8) 非行事実を争う場合

〈少年事件は冤罪の可能性が大きい〉

少年は、当然のことながら成人と比べて防御力が弱い。簡単に誘導に乗ったり、威嚇されたりして心ならずも、嘘の自白をしてしまう。弁護人(付添人)と捜査官の区別もできないことがある。そして、大人全般に対して不信感を持っていることも多い。したがって、弁護人(付添人)にも本当のことを言わないことも多い。少年が自白しているからといって、少年の言葉をそのまま信じるわけにはいかない。後に、述べるように少年事件は成人の事件よりも、冤罪の可能性が大きいと思っている。

もっとも、逆に、少年が事実を否認しているからといって、無条件にそれを事実として弁護(付添人)活動をするのは考えものである。私は、経験していないが、少年から、「先生は、僕の言うとおりにしてくれればいいんだ」と言われた弁護士もいるようである。そのような場合、少年と弁護人（付添人）との信頼関係が成立しているのか疑問である。

私が経験した、非行事実を争った少年事件のうち、三件紹介しておきたい。

〈ある公務執行妨害事件〉

暴走族であった少年が暴走行為の疑いで路上で警察官に取調べを受けている際、警察官に暴行を加えたとして審判を受けることとなった。

少年は、いかにもやんちゃな少年に見えるが、さっぱりとした性格で、自己弁護のための嘘を言うような少年には見えなかった。両親は、ごく常識的な会社員と専業主婦という感じであった。

少年は、暴走行為については認めており、警察官に抵抗したことも認めているが、むしろ先に手を出したのは警察官であったという。しかも、本人は、警棒で殴られ、出血するほどの負傷をしている。捜査書類にほとんど書かれていなかったが、少年が負傷をしたのは、事実であった。

少年の話によると、暴走行為をしていて警察官に止められ、少年ともう一人の少年が三名の警察官に調べられていた。すると、暴走族仲間が一〇人以上集まってきて騒ぎ出した。

すると、警察官たちは警棒を振り回して、集まってきた暴走族を追い払おうとした。そういう中で、少年と集まってきた少年のうち一～二名が警棒で殴打された。まもなく、応援の警察官が集まってきて、何人かの少年を連行した。

私は、その当時、集まってきた暴走族のメンバーから事情を聞くことにし、事件現場にメンバーを集めた。いわば、私的な実況見分である。その日の現場は、ちょっとした暴走族の集会のようになった。私は、少年たちの行動や警察官の行動を、集まったメンバーに再現させ、写真をとったり、現場の図面を作ったりしたうえ、メンバーからの供述を書面にした。これらの証拠を提出し、公務執行妨害について非行事実なしを主張したが、家裁の審判では、ほとんど相手にされず、保護観察の決定がなされた。私は、もちろん抗告も考えたが、少年や親は、少年院送致にならなかったので、もう抗告はしたくない、との意見であった。それで、抗告はしないこととなり、審判は確定した。

私は、非行事実なしの不処分を期待していたので、後から思い返せば、まったく見通しが甘かったというしかない。非行事実なしの不処分決定を得るためには、弁護団を作り、調査官や裁判官との審判前の協議を十分に行い、目撃者や担当の警察官の証人調べの請求を行うべきであった。少年も、両親も、そして、私も、少年が暴走族のメンバーであり、暴走行為をしていたのは事実であるということから、公務執行妨害の事実を徹底的に争うという気持ちが欠けていたと感じる。

### 〈ある暴走行為の事件〉

この事件も、第1部第1章「1　初めての冤罪事件――八王子暴走族事件」［↓12頁］で体験したことと同様に、暴走行為に参加しなかった少年が暴走行為をしたとして、逮捕されたが、家裁の審判で非行事実なしとされた事案である。

この事件については、私も少年本人、両親も当初から冤罪事件として徹底的に闘うつもりであった。私は、すぐに三名の弁護士の応援を得て、弁護団を結成した。手分けをして、アリバイ立証の証拠を探した。その結果、事件当日は少年は雇主とともに魚釣りに行っていたことがわかり、雇主に証人として出廷してもらった。

裁判官や調査官とは事前に協議したが、終始付添人の話に耳を傾けてくれて、雇主の証人尋問も順調に終わった。審判の結果は、予想どおり、非行事実なしを理由とする不処分であった。

検察側からは、最後まで反対証拠的なものは送付されてこなかった。事案があまり重大でないということで検察側も厳しい対決姿勢をとらなかったし、裁判官も気楽に非行事実なしという審判ができたのかもしれない。もう二〇年も前のことでもあるので、現在ではそう簡単には、非行事実なしの不処分は勝ちとれないかもしれない。

### 〈ある窃盗事件〉

少年二人がタバコの自動販売機から金を盗んだとして逮捕された。この少年二人はともに、すでに私と面識があった。かつて、二人で恐喝事件を起こし逮捕された前歴があった。しかし、送致された調書に記載されているその窃盗の様子が異様であった。自動販売機に千円を入れたが、タバコが出てこないと言って、店員に自動販売機の透明のカバー部分を開かせて、その隙に金の入ったケースを持って逃げたというのである。しかし、透明のカバーの反対側に店員が立っていたとして、カバーを通して少年たちの様子が見えてしまうのだ。そんな状態で、金の入ったケースごと少年たちが持って逃げられるであろうか。そのうえ、私が不審に思ったのは、犯行時刻は午前九時頃で、少年たち二人はおのおの自宅から現場まで歩いて行ったというのである。少年たちの家から現場までは、約二キロメートルである。ということは、相当朝早く起きないと現場にはたどりつけない。しかし、その当時、私が知っていた彼らの行動は、夜遅くまで遊び歩き、昼頃まで寝ているという毎日であった。そんな二人が朝早く起きて、二キロメートルも歩いて行くであろうか。もちろん、二人とも犯行を否認し、家で寝ていたと述べていたが、一人の少年は嘘の自白してしまった。私は、冤罪であると考え、弁護士三名の応援を得て、弁護団を結成した。

調査官、裁判官にも事前協議を申し込んだが、裁判官の反応は今ひとつであった。タバコ店の店員は、犯人たちの顔を見ているはずなので、重要な証人である。私たちは、店員の証人申請をしたが、店員は出廷しなかった。警察は少年たちに、現金のケースを捨てた場所を追及したが、ケースは結局出てこなかったにもかかわらず、警察の調書では、少年たちがケース内の硬貨を溝に捨てケースは海に捨てたとなっていた。しかし、金がほしくて窃盗をしたのに、硬貨をすべて捨てるということは不自然であるし、捨てたという硬貨も発見されなかったということもこれまた不自然である。このような不自然さを我々は、十分主張したつもりであったが、結果は、有罪に相当する保護観察の決定であった。我々は、大阪高裁に抗告すると、家裁の審判は取り消され、事件は家裁に差し戻された。その高裁の決定は、「原審の判断は、ややピントがズレているというほかはない」というものであった。もちろん、その後、家裁が非行事実なしの審判をしたことは言うまでもない。

これらの事件は、少年事件に冤罪が生じやすいことを示すとともに、付添人が徹底的に闘うことの必要性をも示すものである。

〈綾瀬母子殺人事件〉

一九八八年一〇月、東京都の綾瀬のマンションで七歳の男子と母親が殺害されるという強盗殺人事件が発生した。この事件で、三人の少年が犯人とされ、逮捕されたがアリバイが成立した、まったくの冤罪であった。

この事件に私は直接関与していないが、同事件は少年の冤罪事件を理解するためのあらゆる要素が揃っており、我々が、冤罪事件の名教科書とでもいうべき事件である。ここにこの事件に参加した弁護士のそのほとんどが、後に日本弁護士連合会子どもの権利委員会の委員長などの要職につき、子どもの権利を守る活動の中心となっていた（第1部第1章「1初めての冤罪事件―八王子暴走族事件」[→12頁]でもあげた吉峯康博および、木下淳博、若穂井透、須納瀬学、羽倉佐知子ほかの弁護士である）。[4] 以下に事件の経過を述べる。

吉峯氏らが付添人となる前に、これらの少年のうちの「主犯」とされている少年Xの付添人となっていたA弁護士に対しては、Xは犯行を認めていた。A弁護士は、Xを真犯人であると考えて疑わなかった。Xは、A弁護士のことを警察の取調官と思い、否認すると、叱責されると思い、「やりました」と答えたのである。A弁護士は、Xの父親からの冤罪との訴えにも耳を貸さなかった。吉峯弁護士は、Xの父親から話を聞き、「これは冤罪だ」

と直感し、次々に若手弁護士に呼びかけ、九人の弁護団を結成したのである(当然であるが、A弁護士は解任された)。

共犯者とされた少年Yには、アリバイが見つかった。Yは、他の二人とともに、犯行の前日、Vのアパートに集まって犯行を計画し、翌日三人で犯行におよんだとされていたのだが、実は、その両日とも他の作業員とともにデパートでペンキ塗りをしていたことが判明したのである。

弁護団は、このような状況を裁判所に報告していたが、いきなり家裁から、翌日審判をするとの連絡が来た。突然、翌日の期日指定がなされても九人の弁護団が集まるのは不可能だし、準備も必要であっただろう。そこで、弁護団が、家裁に行って、裁判官への面会を求めた。すると、書記官が、「裁判官は、もう帰りました」と述べた。ところが、帰ったはずの裁判官が、うっかり書記官室に入ってきて、弁護団に見つかってしまった。すると、裁判官は、裁判官室に逃げ帰り出てこなかった。ところが、翌日の審判では、いきなり、

4　この事件の詳細、弁護士の活動経過は、横川和夫＝保坂渉『ぼくたちやっていない—東京・綾瀬母子強盗殺人事件』(共同通信社、一九九二年)にわかりやすく述べられている。同書の八〇頁には、八王子暴走族事件についても述べられている。本稿も、ほとんど同書によるものであるが、吉峯弁護士らから聞いたことをつけ加えた。

観護措置（鑑別所送致）が取り消され、三名の少年は釈放された。

ところが、ここから警察による巻き返しが始まった。証人のT氏を何度も呼びつけ、その証言を何度も変えさせようと、しつこく反論を加え、「供述を変えないと偽証罪になる」と脅した。脅されたT氏は、本当はやっていない作業に従事していたことの調書にサインしてしまった。しかし、検察庁では、虚偽の証言を翻し、真実を述べた。すると、T氏は、検察庁から、再び警察署に連れて行かれ、帰らせてもらえなかった。

犯人ではなく、証人であるT氏を、このように拘束する権限は警察にはない。しかしながら、警察は、このことについて、次のように弁明した。

「調べが遅くなったので、本人がホテルに泊まりたいと言った。綾瀬のビジネスホテルを紹介したが、帰りたければいつでも帰れた。拘束はしていない」

というのである。このような状況で警察を押し切って家に帰ることのできる人は、弁護士などよほど法的知識のある人か、よほど胆の座った人だけである。このままでは、大事な証人が審判に間に合わぬどころか、逆の証人にされるか、あるいは、違う事実を調書に残されてしまう危険がある。さて、どうするか……。

このあたりの記述を読むと、まさにサスペンス映画そのものである。それで、弁護団はどうしたのか。なんと、人身保護請求を行ったのである。この制度をわかりやすく言うと、親権がないような人が、子どもを連れ去ったときなどに、子どもを取り返すために利用されている制度である。人身保護法一条の「目的」には、

「この法律は、基本的人権を保障する日本国憲法の精神に従い、国民をして、現に、不当に奪われている人身の自由を、司法裁判により、迅速、且つ、容易に回復せしめることを目的とする」

とある。理屈のうえでは、警察による不当な、違法な逮捕は、この事件の対象となるはずだが、通常、刑事事件では、刑事訴訟法による適切な逮捕かどうかが争点になることが多いので、正直に言って、私が、人身保護法を利用したことはない。ここには、吉峯弁護士たちの「何者をも怖れず、何ごとをも惜しまず」という精神が見事に現れている。

私も、及ばずながら吉峯弁護士たちの子どもの人権弁護団の一員であるが、彼らの活動

には心から敬服する。また、このように、次々に少年たちの証人が、警察に呼び出され、再度の事情聴取という事実上の脅しにより証人が潰されていく可能性が生じてきた。

そこで、弁護団は証人代理人団として、黒岩哲彦、石井小夜子弁護士らに参加を求め、計一八人もの弁護士に待機、協力を求めた。黒岩哲彦、石井小夜子両弁護士とも、その後、日本弁護士連合会を中心に全国の付添人の活動を牽引して行った人物であり、やはり、子どもの人権弁護団の会員である。

若手弁護士を中心に、東京地裁民事部に、人身保護法の救済申立てをするばかりでなく、東京法務局に、人権救済申立てをし、マスコミにもそれらの情報は逐次流された。また、証人のT氏に弁護士が電話をかけ、「もう少しだから頑張れ」と伝える工夫もした。さらに、弁護士は、少しでも（五分または一〇分）と警察に面会を要求し続け、ようやくT氏本人と会うことができた。

そのようにして、東京地裁で、人身保護法の審査にT氏を出廷させ、T氏の事実上の解放を勝ちとり、T氏によるアリバイ証言が守られた。しかし、家裁の審判は、少年法の理想である、「懇切、丁寧」というものではなかった。付添人団の反対にもかかわらず、小学校六年生の少年を、審判廷でしつこく尋問し、泣き出させた。また、裁判官は、付添人と調査官三者の面接を拒否し、証拠物の提示まで拒否した。これでは、裁判官が、検察官の代わりをしているともいえる状態である。

付添人は、裁判官の忌避まで申し立てた。申立ては、結果的には、認められなかったが、事実上牽制の効果はあったようだ。

第一回の審判から約三カ月後の一九八九年九月一二日、ついに少年三名に対し、非行事実なしの決定がなされた。

本件の記述については、やや冗長に思われた方も多かったと思う。しかし、この事件の中に、警察の捜査のあり方、裁判官の心理、態度、取調べ、事情聴取を受ける少年や成人の心理のほとんどの問題点が具体的に出現しており、それに対する付添人弁護士の対応も、これまで、私が見聞きしている事件の中で、最高の陣容による、最高の戦略によって行われた付添人活動の模範事例といえる。今後も、長く参考にされるべき事案なのである。

## (9) 他機関との連携

少年のためには、「何者をも怖れず、何事ごとをも惜しまず」との考えで活動しているが、第1部ですでに述べたとおり、私一人の力では、とうてい十分な少年への援助はできない。

そこで、頼れる人には誰でも頼み、やってもらえそうなことは何でも頼むという厚かましい気持ちになってしまう。現に、本当に多くの人にお世話になってきた。

第1部第1章「9 この子は絶対逃げますよ」〔↓38頁〕で述べた少女をボランティアとして受け入れてくださった高齢者施設の施設長さん、同部同章「11 妊娠七カ月でネットカフェ暮らし」〔↓46頁〕で述べたネットカフェ暮らしの少女に住む所を確保してくださった「神戸の冬を支える会」のAさん、同部同章「20 一番手のかかった少女」〔↓77頁〕で述べたとても手のかかった少女を預かってくれた牧師の野田詠氏さんなど、数え上げればキリがない。

当然のことながら、少年施設の職員、担当の保護司や保護観察官、あるいは、試験観察を担当する調査官など、関係機関の皆さんの協力は欠かせない。しかし、現実には、担当する職員によって対応はまったく異なる。遠隔地からはるばる少年のアパートまで足を運んでくださり、私や少年と語りあってくれた保護観察官もいれば、「保護観察は秘密で行われるので」と言って、付添人と会うのを迷惑がるような保護観察官もいる。第1部第1章「11 妊娠七カ月でネットカフェ暮らし」で述べたように、冷たい態度をとる生活保護担当者もいれば、丁寧に最後まで面倒を見てくれる担当者もいる。あてにはできないにしても、頼めるところはどこにでも、何度でも頼むし、常に協力者、協力してくれる機関を探すことが必要である。

自分の目の前にいる少年が、目を見張るような成長をすると、少年の可能性に感動し、その後も少年の更生に協力してくれるようになる人も少なくない。少年をたまたま世話したことがきっかけとなり、その後、試験観察の補導委託先となって何人もの少年を援助してくださるというぐあいである。さまざまな機関の職員やいろいろな個人、団体と面識を持っているということは、少年の立直りのために多くのチャンネルを持つこととなる。

## ⑽ 金銭問題

身寄りのない少年、親の援助を期待できない少年から、「お金を貸して」と頼まれることがある。その時に、どう対応すべきか。

原則として、断るというのが、一般的な意見である。私は、少年にお金を「貸した」ことはない。なぜならば、どうしても必要なお金は（そもそも私の考える「小遣い」の範囲内の額であるが）、あげしまうからである。少年が、「お金を貸して」と言い、本人は返すつもりであったとしても、実際には返済することは不可能である。お金を貸したばかりに、少年との信頼関係が崩れてしまっては、それこそ元も子もない。

少年が自分の「借金を返すから貸してください」などという話に乗ることはないが、三日も食べていないという少年や、「家に帰る電車賃がない」という少年を見捨てることは難しい。

私の生涯の師である、花輪次郎先生[↓192頁]は、逃げ出した少年の立ち回り先と思われる家々を訪ね、お金を置いてまわった。「少年が金に困って悪いことをしないように」と言う。さすがに、そこまではマネできない。

## 3　付添人は弁護人とどう違うのか

「付添人の仕事は弁護人の仕事とどう違うのですか」とよく聞かれる。

答えは明快である。弁護人のやるべきことはすべてやる。

少年法のパレンス・パトリエを体現する一翼を担っている付添人としては、少年のためにならぬことには何ごとにも反対し、阻止し、少年のためになることは、法で禁止されていない限りできることは何でもするのが、〝理想〟である。

私も、少年のためには、「何者をも怖れず、何ごとをも惜しまず」をスローガンにしているが、実際に自分の家族を捨て、全財産を投げ打ってまで少年のために活動するまでのことはできない。しかし、少年の権利が侵害されようとしているとき、守られないときに毅然と立ち向かうのが本来の親の姿である。

子どもの権利、デュープロセスを守るために全力をつくすという点では、付添人は弁護人とまったく同じである。しかし、付添人の使命はそれで終ってはならないのである。極論すると、伝統的な刑事手続の考え方によれば、被疑者・被告人に有利な結果、特に判決における無罪や減刑等を勝ちとればよいのであって、真に、被疑者・被告人が反省したかどうかは問題にならない（最近は、刑事弁護も被告人の更生を目指すものでなければならない、との認識が弁護士に広まりつつあることを付言しておく）。

ところが、親に代わって少年の健全育成を目指す少年法の付添人としてはそれだけでは不十分である。自分のしてきたこと、やってしまったことについて、その意味、重大性を自覚し、かつ今後の人生に希望を持って生きていける心境にまで少年の考えを深めさせることが理想である。それは簡単に、短期間で達成できるものではない。

少年が、言い訳的に自分を守ろうとして嘘を言うことはよくある。それを頭から反論したり、聞き流したりしてはならない。しかし、率直にわかりにくい点は反論という形ではなく、さらに、少年が話したくなるような聞き方、雰囲気作りをしていくのである。

要は、少年が本当に付添人を信用するように努力することである。第1部第1章「5 俺はお前と勝負している」では、シンナー吸引で虞犯少年とされた少年が、自分から余罪というべき重大な非行を私に打ち明けてくれた事例を説明した〔↓23頁〕。少年の嘘を、そのまま裁判所に対して主張するのではなく、少年が本当のことを付添人に話せるような信頼関係を作らねばならない。

私の友人の弁護士で、非常に熱心に少年事件に取り組んでいた人がいた（仮にX氏という）。X氏は、何と毎日、鑑別所に面会に行っていた。ある少女が友人の少女を裸にしたということで、強制わいせつ事件として送致されていたのである。その少女は犯行を否認していた。X氏は、一切その少女の話を否定することなく、真剣に耳を傾けていた。すると、少女は次のようなことを話し出した。

少女は、実は被害者の兄にレイプされていたのであった。少女は被害者の兄に対する憎しみを、その妹である被害者にぶつけたのであった。しかし、自分がレイプされたということをどうしても話したくなくて、自分の犯行を否認してしまったのだという。

最近、弁護士の間では少年事件における黙秘権のあり方が議論されている。少年に黙秘権があること自体は明らかで、議論の余地はない。しかし、大人と同様に、本人が黙秘しているからといって、どんな場合でも、それを前提に裁判所で主張し、付添人、弁護人として行動すべきかというと、それはやはり少年の健全育成という点から深く考察をしなければならない。

少年法一条の中には当然デュープロセスの保障は規定されているとする、「流山中央高校事件」[5]における団藤重光最高裁判官の補足意見や、三淵嘉子氏の「人権擁護の形式面に心を奪われると、少年保護教育の面が疎かにな」る[6]という見解は、根底において私の見解と共通する。

## 4　家裁の協力者か

「付添人は家裁の協力者であると」する見解が裁判官のなかではよく言われているようである。付添人がパレンス・パトリエを実現し、少年の健全育成を期するという点では家裁

5　最判昭五八・一〇・二六 刑集三七巻八号一二六〇頁。
6　三淵嘉子「少年審判における裁判官の役割」別冊判例タイムズ六号（一九七九年）一六頁。

と同方向の目的を持つものと言える。しかし、それは、家裁の方針に異を唱えず、協力するというものではない。

多田元弁護士は、「パートナーシップ論」と称し、付添人の役割を次のように述べられている。

「現行少年法の少年保護の中核的な理念は、少年法一条の『健全育成』を目的に、少年ひとりひとりの個別的な成長に応じてケースワーク的援助を行う個別処遇の理念にあるとし、附添人の役割の最も基本的なことは、保護手続において少年が権利主体としての『主体性』を確保できるように援助すること」[7]

私の主張するデュープロセスと子どもの権利条約に従ったパレンス・パトリエ概念と基本的に同一の方向にある考え方と考える。

7　多田元「付添人の役割と活動」自由と正義四二巻九号（一九九一年）一三八頁。

# 第2章　守ろう少年法

## 1　少年法との出会い

### (1)「少年の友だちになろう」――森田宗一先生との出会い

一九六五年、大学に入学した私は、これまで受験勉強に専念してきたので、何か勉強以外のことをやってみたいといろいろな文科系サークルに顔を出した。その時、「非行少年の友だちになろう」というキャンペーンをしていた青少年友の会というサークルに興味を持った。このサークルは当時、東京家裁の少年部の裁判官をされていた森田宗一先生が都内の大学生に対し、「非行少年の友だちになってくれる人はいませんか」と呼びかけたのに応じた学生らの作ったサークルであった。

私がなぜこのサークルに興味を持ったかというと、私に忘れられないひとつの体験があったからだ。私は中学一年生の一年間を北九州市のある市立中学校で過ごした。このクラスに一五歳の生徒がいた(仮にY君としておく)。Y君は、これまでほとんど通学していないので一年生に留め置かれているのであった。現在では中学生が留年するなどは考えにくいが、当時はそのようなことも行われていたのである。

彼はクラスの中ではおとなしく、私も友だちの一人として考えていた。しかし、一五歳なので、体が大きく、三年生に対しても自分が上という態度を取っていた。つまり、Y君がいれば我々は上級生にいじめられることはなく、我々の強い味方なのであった。そのY君が突然、学校に来なくなった。噂では、人家に盗みに入って逮捕されたということだった。すると、学年主任の地位にあった教師が授業中に私たちに向かって、「お前たちもちゃんとしないと、Yのようにこうなるぞ」と言いながら、両手を前に出し、手錠をかけられた仕草をしたのである。

私は、子どもながらに何という教師かと非常に憤慨した。自分の友だちを、そのように悪く言う教師を許せなかった。それで、「非行少年の友だち」という言葉に惹かれたのである。

森田先生は、奥様とともに熱心なクリスチャンであり、自宅で奥様と二人で日曜学校のような活動もされていた。その活動に参加する学生も多く、その一人が後に政治家として活躍された江田五月氏である。森田先生は、当時から少年法の実務裁判官として有名であり、後でも述べるが一九六八年には東京大学の団藤重光教授とともに、『新版　少年法』（有斐閣、一九六八年）を出版された。

私は、青少年友の会に入会すると、家裁に行き、調査官から保護観察や試験観察に付された少年を紹介され、一緒に遊んだり、勉強を教えたりする活動を始めた。いわば、BBS（Big Brothers and Sisters Movemen）に似た活動であるが、私たち会員は、お役所の監督を受けない自主的な活動という点に、一種の誇らしさを感じ、BBSと一線を画しているつもりであった。なぜなら、〝権力からの自由〟というのが、当時の学生の流行の雰囲気であったからである。青少年友の会の活動を通じて、私は少年法の保護観察の有効性や試験観察のソーシャルケースワークの思想を体感するようになっていった。

森田先生の審判も見学させてただくことができた。今考えると、一介の大学生にそのような体験をさせてくれた当時の家庭裁判所の広やかな心に感動を覚える。森田先生は、私服で少年と同じ目線で座り、少年に語りかけるように審判を進めていった。刑事裁判の法廷を想像していた私にはそれも新鮮な体験であった。

## (2) 初めて出会った少年

青少年友の会に入って、初めに紹介された少年は強姦致傷事件で保護観察となった高校二年生の少年であった。女性をレイプしようとして抵抗されたため、女性を殴り負傷させたのである。強姦自体は未遂とされたものの凶悪犯といえる。現在なら少年院送致の処分も考えられる事件である。

少年は、高校二年生なのに髭を生やしていて、丸刈りの髪がまだ伸びきっていない田舎臭い私より歳上に見えた。この当時、欠損家庭の問題がクローズアップされていたが、少年の家は、両親ともそろっており裕福でもあった。私は、「なぜ、恵まれた家庭の少年が、そのような大それた事件を起こしてしまったのか」と疑問を持った。

しかし、少年の家を何度も訪れると、だんだん事情がわかってきた。父親は、他に女性を作り、家に帰らず、少年は毎月父のところに生活費のお金をもらいに行くのである。父親は、少年にとっては単にお金をくれるだけの人であった。

母親は、新興宗教に凝り固まっており、私も少年の家で深夜まで信者たちに取り囲まれ、入信を強く勧められて閉口した。この家庭は、表面上はともかく、大きな問題を抱えていると感じた。

保護司の先生にも、少年と一緒にご自宅を訪問させてもらい、初めて保護司の仕事ぶりを拝見した。私は、弁護士になってから四〇年あまり、自分も保護司として活動することになった。

## (3) 溌溂としていた調査官

当時、東京家裁は、日比谷公園の一画の古ぼけた木造二階建てで、中に入ると暗く長い廊下があった。ところが、そこで働く調査官たちは、明るくエネルギッシュで私たち学生にも優しく接してくれた。特に柳正男さんという調査官にはお世話になった。柳さんは、当時年間二百件もの事件を割り当てられ、今でいうブラック企業なみの仕事を抱えながら、少年事件とは何か、少年法とは何か、ということを丁寧に教えてくれた。また、よく近くのビルでご馳走になった。

当時の調査官は、プロとしての自覚と誇りを持っていて、裁判官と意見が異なっても、裁判官を自分が説得するのだという気概が感じられた。柳さんも時々、仕事を休まれることがあり、周囲の人の話では、頑張りすぎて、体調を壊してしまうとのことであった。

ブラックであるのは問題であろうが、何か〝調査官魂〟というものを感じ、憧れを感じたものである。

当時の調査官は、徹底した〝現場主義〟であった。身柄事件のような場合、必ず少年の家を訪問するというのが常識のようであった。ある調査官は、後述する補導委託施設の花輪先生から、「家も訪問しないで、家庭に問題がないと報告書に書くとは何事だ!」と厳しく叱られたほどであった。最近の調査官は、立派な長文の報告書は書いているが、少年の家を訪問することは少ない。

## (4) 仏教慈徳学園――花輪次郎先生の実践

大学二年生(一九六六年)の春、森田宗一先生の紹介で、横浜市内で試験観察補導委託施設、仏教慈徳学園の花輪次郎先生の〝お宅〟を訪ねた。なぜあえて〝お宅〟と言うかというと、花輪先生ご夫妻は、古寺で廃寺となった寺のお堂を借り、そこで生まれたばかりの赤ちゃんである良三さん、七歳くらいの長女・眞実子さんと、五歳くらいの長男・英三さんとともに、二〇名を超える少年たちと一緒に暮らしていたからである。土曜、日曜、休日などは一切なく(交代勤務者はいない)、奥様の手料理を少年に食べさせながら、家庭の愛情を持って、少年たちの育て直しをしていた。そこは施設というより、むしろ家庭というべきであった。[1]

　この花輪先生との出会いが、私のその後の人生に決定的な影響を与えることになった。

　少年に愛情を注ぐといっても俗にいう甘やかしではない。花輪先生はいい加減な言い訳や嘘を決して許さなかったので、精神的には少年院よりも厳しいものがあったであろう。少年たちは真冬でもパンツひとつで廊下を何度も何度も往復して乾拭きをするし、ランニングもする。肉体的にもかなりハードな

1　花輪次郎先生の実践は、『家庭の愛をください――「非行少年」と共に　補導委託先の三十年』（一光社、一九九二年）に詳しいが、花輪次郎先生の業績は私が元調査官の鶴岡健一氏とともに編集し執筆した、仏教慈徳学園後援会『「意思」を磨く　仏教慈徳学園花輪次郎の生涯―非行が能力に変わる』（仏教慈徳学園後援会、二〇一六年）にまとめられている。

仏教慈徳学園

トレーニングである。

仏教慈徳学園の処遇には、大きな二つの柱があった。そのひとつは〝石磨き〟である。少年には、それぞれ一個の原石が与えられ、それを、機械を使わずに、黙々と手作業で磨くのである。さぼれば石は光らない。頑張れば石は輝き、結果は明白である。石を磨くことにより、少年の〝意思〟を磨いていると言ってもよい。もうひとつは、〝異議あり〟活動である。ある少年の行動に他の誰かが疑問を持ったならば、ただちに、「異議あり」と言う。そうすると、全員がすべての仕事を止め、集まり、花輪先生を中心にその〝異議〟について議論する。一種の相互批判である。

花輪先生は、自分の子を特別扱いすることはなかった。間違ったことをすれば叱り、時には子どもを廊下に正座させた。すると、少年たちが花輪先生に、「かわいそうだから、もう許してあげてください」と頼みに来るのである。

花輪英三園長と
銘石を選ぶ花輪次郎先生（2004年頃）

石磨き（1976年）

楽しいエピソードもいろいろあった。〝どろぼうごっこ〟である。先生は、庭に相撲の土俵を作りたかったが、砂を買うお金がない。「仕方がない。砂を盗みに行こう」と少年たちに提案した。少年たちは、おおいに盛り上がり、先生の運転するトラックに乗り込み、砂を盗みに行った。皆てんでにスコップで懸命に砂を掘り、あっという間にトラックに砂を積み込み学園に帰った。学園に帰ると先生はこう言った。「皆をだまして悪かった。本当は土木事務所に事前に話をして許可をもらっていたんだ。でも皆凄かったな」。そうして皆で笑ったのだ。

こういう先生の指導が、少年の心に響かないはずはない。実務家の間では、〝花輪マジック〟と言われるほどの奇跡を起こしていくのである。

しかし、それほど十分ではない、裁判所の予算では古い建物の修理も思うに任せない。評判

ベアトリクス王女（正面中央）ご来訪
手前左が花輪次郎先生（1970年）

を聞いてオランダのベアトリクス王女(当時)も見学に来られて、建物のあちらこちらに空き缶があるのをご覧になり、「あれは何ですか」とお尋ねになった。あちらこちらに雨漏りしていたので缶を置いていたのであった。

私も、この目で少年が奇跡的に成長していくのを目撃した。

私は、大学二年生の時から毎日曜日に学園に通い、少々手のかかる少年にカウンセリングの真似事をしていた。本物のカウンセラーに見られれば、赤面せざるをえない幼稚な手法であったが、やっている私は本気なのであった。

ある時、私は、高校二年生の少年を受け持った(仮にA君という)。万引きの常習犯ではあるが、少年院の経験はなく、いま一度チャンスを与えようというので、仏教慈徳学園の花輪先生に委託されたのである。A君にはひどい吃音があり、ほとんど満足に話ができなかった。ストレスからなのか、好きなだけ食べさせると丼五杯のうどんを食べてしまい、いつもお腹を壊し、痩せていた。相撲では投げられるとヒィヒィ泣いていた。

学園に来ても、万引きは治らず、犬の散歩に出かけると、もう菓子を万引きしてしまうのであった。さすがにA君は、もう自分が嫌になり、花輪先生に、「もう僕の手を切ってください」と訴えるほどになった。

仏教慈徳学園で少年と面接をする筆者（1967年頃）

Ａ君の母は、夫以外の彼氏がいたらしく、Ａ君を邪魔に思い、冷たく接していた。ある時、Ａ君は自宅に試験外出で帰っていたが、私は先生に頼まれて自宅にＡ君の様子を見に行った。すると、母親は先生に電話をかけ、「今、変な不良（私のこと）が来ています。もうあの子は駄目だから、早く少年院に入れてください」と言った。

こういう事情で、Ａ君は父親を慕っていた。ところがある日、父親が突然病死してしまった。当然、Ａ君は泣いていた。私はこのようにＡ君に話した。「君がお父さんのことを本当に思っているなら、天国のお父さんを安心させるために、ここで頑張るしかないのではないか」と私が話したことにより（私の手柄というよりは、花輪先生ご夫妻のA君への愛情の賜物であろうが）、何と三カ月ほどでA君の万引きはぴったりとなくなった。しかも、吃音もなくなり、普通に話ができるようになった。食欲も普通になった。すると、栄養が行き渡るのか、筋肉がもりもりとついてゆき、相撲をとると、自分より大きな相手を投げ飛ばすようになった。もう泣き虫のA君ではなくなったのだ。

私にはその変化が奇跡のように思えた。しかし、よく考えてみると、そのように変化する可能性、素晴らしい可能性をA君自身が持っていたのである。A君はいつもは吃音が出るのに、ある場合にだけ普通に喋れるのであった。それはＪＲ（当時は国鉄）の駅名を北海道から九州まですべての支線まで暗記しており、その駅名をとうとうと述べるときであった。A君はいつも盗みがばれないか、戦々恐々としており、それで吃音が出ていたのだ。しかし、ＪＲの駅名を言うときは、誰からも叱られることはないし、誰も支線の駅名までしっかり覚えていないのであるから、堂々と話せたのである。

このような〝奇跡〟を体験した私は、少年の可能性というもののとりこになり、それ以来今日まで、約六〇年近く少年事件に取り組むようになるのである。

最後に、花輪先生の数々の名言のうちいくつかをあげておきたい。

「人は自分の心の中に支えとなる人が多いほど、人生が豊かになる」
「少年は大人の言うことより大人の行うとおりに育つ」
「監視も鍵もない、逃げられる教育がいいのだよ」

## (5) 少年法「改正」案――青年層構想の浮上

一九六六年五月、法務省は、「少年法改正に関する構想(一)(二)」を発表した。ちょうど、私が花輪次郎先生を訪ねた頃のことである。後述するが、現行少年法は戦前の旧少年法に較べて検察官の権限を著しく減少させた。検察官はそもそも現行少年法成立(一九四八年)当時から不満を持っていたようで、一九六六年になって、それが明確な形で現れたのである。

この構想は、少年を一八歳未満に限り、一八歳以上は大人ではないが「青年」とし、青年について、家裁で事件を扱わせるのか、地方裁判所に成人同様に起訴す

森田宗一裁判官(右)と花輪次郎先生(左)(1993年)

るのかについて、検察官が決めるというものである。

何やら最近導入された「特定少年」という考えに似ているようである。花輪先生のような少年の健全育成に携わる人々、日本弁護士連合会は、もちろんこの構想に強く反対した。

当時、裁判所は総力を挙げて構想に反対した。森田宗一先生や三淵嘉子判事等の少年審判を行っていた裁判官はその反対運動の先頭に立っていた。裁判官だけでなく、柳正男調査官などの調査官の運動も目を引くものがあった。

一方、少年非行の事件数はベビーブーム生まれの少年人口増もあり、殺人事件等の凶悪事件も含めて増加していた。しかし、研究者も世論も少年に対する厳罰化には反対が強かった。後日、私が、指導を受けた団藤重光教授など、そうそうたる研究者や多くの文化人も構想反対の論陣を張った。

ついに、法務省は少年法「改正」をいったんは諦めることとなった。

## (6) 三淵嘉子判事の思い出

私は、大学二年生になって、東京大学の青少年友の会の代表となった。青少年友の会は、もちろん構想には大反対であった。秋の学園祭に、構想反対を市民に呼び掛けるシンポジウムを行うことに決めた。ただし、構想反対派の人だけを講師に呼ぶと、公正な感じに欠けるし、議論が深まらないと考え、裁判所を代表する人と法務省を代表する人とを呼んで議論してもらうこととした。

私たちは、当時東京家裁の少年部の判事で、構想反対の先頭に立っていた三淵嘉子判事に講師をお願いした。三淵判事は一見ふんわりとしたお母さん的なお方で、我々学生の厚かましい申し出（おそらく、ろくに謝礼も払わなかったと思う）を快く引き受けてくださった。シンポジウム当日、三淵判事は、その外見とは異なり鋭い論法で完全に法務省の人を圧倒した。もっとも、法務省の人の名誉のために述べておくと、我々はあまり官僚的で、硬直的ではない方を特に選んで講師になっていただいたので、その方はひょっとすると内心は構想案には消極的であったのかとも思われる。

この三淵判事は、二〇二四年に放送されたＮＨＫの連続テレビ小説『虎に翼』の主人公のモデルとなった方だが、花

三淵嘉子裁判官（右）と花輪次郎先生（左）（1978年頃）

輪次郎先生の最強の支援者の一人であった。当時、一人あたり一日四百円くらいと言われている補導費で、少年たちに美味しい物を食べさせたいと苦心していた花輪先生のもとに、牛肉やお菓子をたくさん差し入れて少年たちを喜ばせていたのである[2]。

仏教慈徳学園のクリスマス会には、いつも多くの家裁裁判官、調査官が出席されていたので、そこで私も三淵判事にお目にかかってはいたろうが、若僧の私にとってはとても偉い人という感じであったので、そこで直接お話したことはない。なお、最近になって知ったことだが、三淵判事は全国の家庭裁判所に少年友の会という組織を作った立役者の一人となった。この少年友の会は家裁の調停委員が主なメンバーの会で、私の属していた

恒例のクリスマス会（1971年）

学生の自発的な組織である青少年友の会とは別物である。しかし、目指しているところは、刑罰によらずに少年の健全育成を図ろうとする点で同じである。後年、私は、兵庫県弁護士会の推薦により神戸家庭裁判所の調停委員になり、少年友の会の副会長を長く務めたので、知らぬうちに三淵判事とそこでも縁があったといえる。

## (7) 団藤重光先生との出会い

仏教慈徳学園で少年たちの素晴らしい可能性を体感した私は、少年たちの友だち活動に没頭していった。少年の家に遊びに行ったり、家出少年を下宿にかくまったりしていた。ある時、私が担当していた少年が、友だちという一人の少年を連れてきた。ところが、その少年は、教護院を脱走してきたらしく、心配したその母親が少年を探しに来た。その時、その少年が、塀を飛び越えて逃げ、大騒ぎとなった。そのため、私は下宿を出ざるをえなくなった。そういうことばかりしていたので、大学の勉強はそっちのけで、ソーシャル

2　仏教慈徳学園後援会・前掲註1書の中で、元家裁判事の糟谷忠男氏が三淵判事の少年たちへの思いやりを詳しく書いている。また、清水聡『家庭裁判所物語』(日本評論社、二〇一八年)でも取り上げられている。

ケースワークの本やカウンセリングの本、教育学の本などを読むほかは、勉強らしい勉強はしなかった。当時の私は、当時の多くの調査官と同様、試験観察というソーシャルケースワークをして少年を立ち直らせることが、家裁の中心の仕事と思っていた。それこそが、少年法と思っていたのである。大学卒業後五〇年という同窓会に出て、五〇年ぶりに再会した友人が、私に、「君は大学の教室でも、熱心に少年の話をしていたなぁ」と語ってくれた。私の高校の頃の担任の先生が、大学に出す私の内申書の人物欄に、「一事に熱中する傾向有り」と書いてくださっていたが、良きにつけ悪しきにつけ、そのとおりであったのだ。

ただ、ひとつだけ興味を持った授業は、団藤重光先生の「少年法演習」であった。これだけはまじめに出席し、少年鑑別所の見学にも参加した。前述したように、団藤先生は、森田先生とも親しく、当時、『新版　少年法』(有斐閣、一九六八年)を共著で出版された。パレンス・パトリエ(国親思想)の精神、健全育成の思想、検察官の関与を排除し、家庭裁判所こそが保護処分か刑事処分かの決定権を有するという「家裁先議」の思想などがこめられた少年法のバイブルとも言うべき名著である。

団藤先生は、森田先生のご自宅で行われた出版のお祝い会にも私を連れて行ってくださった。その場には、すでに超秀才とうたわれていた江田五月氏なども来ておられた。団藤先生は、いわゆる、〝面倒見の良い〟お方であった。私が、後に法務省矯正局に就職し、矯正研修所の研修員でいるときに講演に来られ、私を見つけ激励してくださった。矯正教育の理念と実務の現実との差異に悩んでいたときにも、「曇り空の向こうには晴れた空がありますす」と励ましの手紙をくださった。

このようなことで、私も大学三年生の後半には、家裁の少年係裁判官になるべく勉強をする決意をした。というかしたはずだったが、友だちにおだてられ、学生運動の知識も経験もまったくないのに、緑会という法学部の自治会の委員になった途端、大学紛争の巨大な渦に巻き込まれてしまった。

毎日、毎日、学生大会からビラの印刷等等、ろくに授業も出られないうちに全学ストライキというありさまであった。そのような中でも、私は仏教慈徳学園には通い続け、少年たちとの友だち活動に喜びを見出していった。まじめな友人たちは、大学紛争の嵐の中でも勉強を続け、大蔵省や通産省などの官庁や司法研修所へと去っていったが、私は、一年留年して司法試験に挑戦した。しかし、初めの短答式試験であえなく敗退し、ひとまずは少年院の教官になろうと考え、法務省に就職した。

団藤先生は、その後も多くの学者に影響を与え、最近まで少年法「改正」反対の論客であった松尾浩也教授もその一人であったろう。なお、団藤先生は、最高裁判事になられた後に、死刑廃止を支持する著作『死刑廃止論』(有斐閣、一九九一年)を発表している。

## 2 法務省勤務で感じたこと

在学中に司法試験に失敗した私は、やむなく法務省に就職した。

一九七〇年三月のことである。少年院の教官を志望したが、四月になって少年院ではなく刑務所に勤務すると聞かされ、話しが違うといったんは退職を考えたが思いなおして勤務を続けた。結局、四年足らずで辛抱できずに退職してしまったが、得がたい体験をすることができた。

初めの一年間は、矯正研修所において、現職の刑務官、少年院教官と一緒に研修を受けた(私ごとであるが少年鑑別所鑑別技官である妻とも結婚した)。その後、一年間、東京拘置所で保安課係長として勤務し、その次に矯正研修所の東京支所の教官となった。短い期間ではあるが、行刑施設、少年施設で働いている人々と身近に接して矯正の現場で働いている人々のご苦労や情熱、理想を垣間見ることができた。

初めに驚いたのは、行刑施設にあっては保安課と当時呼ばれていたが、警備を担当する職員が全職員の過半数を占めており、受刑者の処遇はほとんどすべて、その保安課の職員が担当していることである。米国などのように警備担当者と処遇担当者が分離されていないのである。そのうえ、保安課職員でも銃などは携帯しておらず、特別な機動隊のような人たちだけが小型のガス銃や警棒を携帯しているのみである。

各現場（たとえば、工場など）で処遇を中心となって担当している人のことを「担当」あるいは敬意を込めて「担当さん」と呼んでいた。その人たちの中に「名担当」と呼ばれる人々がいたが、その人たちは規則を守らせるという点では厳格な一面もあったが、概して人格円満で、いわゆる〝面倒見が良く〟（時にこれは悪い意味では、「えこひいき」とか「利益誘導」の意味でも使われる）、受刑者から「オヤッサン」と慕われていた。

百名以上の収容者がいても、正担当と副担当の二人で収容者を管理、指導していた。少年法のパレンス・パトリエとは異なるが、家父長的パターナリズムの愛情というものに感じられた。

少年院の教官とも多数知り合うことができたが、少年に対する愛情と情熱を感ずることが多かった。それは、役人として上司の命令にひたすら従うのではなく、自己の信ずる教育理論を実践し、少年を立ち直らせようとする人たちである。たとえば、その当時、カウンセリングについての理解は一般的ではなく、カール・ロジャース・ランサムのカウンセリング理論を主張している人々は上層部からはあまり好ましく思われてないのではないかと思われた。しかし、その方々ががんばり続けた結果、現在ではカウンセリングはもはや矯正では当然の知識となっており、むしろそれを超える理論が追求されているように思われる。また、ソビエトのアントン・マカレンコの「集団主義教育」を唱え、実践していた人もいた。冷戦が終結していない当時、社会主義国で主張されている理論を日本で唱えることには相当な勇気がいったはずである。

一時期、少年院は過剰収容のため、教官の手が回らず、好ましくない事件が相当数発生したのも事実であるが、我が国の少年院の教育力は諸外国に較べて劣るところがないばかりか、むしろ優秀であると私は確信している(もちろん、少年法におけるケースワーク機能、社会内処遇が施設処遇よりも優先されるべきとの考えは変わらない)。

## 3　弁護士としての活動開始

### (1)　少年法「改正」問題対策委員として

一九八〇年、私は、遅まきながら弁護士として活動を始めた。当初、裁判官になりたいと思っていたものの、刑事裁判修習の時に実際に見た裁判官像は森田先生や三淵判事などとはかなり印象が異なり、権威主義的な感じがしたのと、初めの計画とは異なり、司法試験に合格したときにはすでに三一歳にもなっており、時すでに遅しという気もしたからである。

私は、世田谷共同法律事務所（当時。後に渋谷共同法律事務所と改名）に就職した。そこの所長は、柴田五郎弁護士で、布川事件と呼ばれる強盗殺人冤罪事件を四〇年以上も闘い続け、ついに再審無罪を勝ち取った弁護士である。もう一人は、坂本福子弁護士で、女性の権利のため闘い続ける弁護士であった。そういう事務所であるから私は思う存分、少年事件や少年法「改正」阻止の活動に取り組むことができたのである。私は東京弁護士会に入会し、少年法「改正」問題対策委員として活動を開始した。

同委員会には森田先生のほか、三井明元判事などの著名な裁判官出身者や津田玄児弁護士などそうそうたるメンバーが揃っていた。東大の松尾浩也教授も時には顔を見せていた。

しかし、この頃、最高裁はむしろ少年法改悪（検察官の役割を増大させ、少年審判をより刑事裁判化する方向）へ舵を切りつつあった（詳細は後述する）。弁護士会はなお非常に強力に少年法改悪阻止の運動を展開していた。弁護士会の建物には一〇メートルもあろうかと思われる垂れ幕がかけられており、それに、「少年法改悪阻止」と大きく書かれていた。一九七六年一月には、法務省側の立場に近い形で、いわゆる「植松試案」または「部会長試案」が法制審議会で強行採決されそうなのに抗議して、日本弁護士連合会は弁護士の委員、幹事の総引上げを行った。最高裁の腰の引けた対応とは断固決別していたのであった。私は、新米弁護士であったが、前述の東京弁護士会の大先輩弁護士は熱心に私のような若僧の話にも耳を傾けてくれていた。

私は、法務省勤務の経験から少年施設の職員らと親しく交流していたので、少年施設の現場の職員は表向きの声はあげられないものの、内心は現行少年法を支持していることを感じ取っていた。少年非行の数は、あまり減少はしていなかったが、少年施設の現場では少年の立直りのためにいろいろな新しい試みをして、懸命の努力を続けていた。一方、裁判所の現場では少しずつ試験観察を制限する傾向が強まっていき、花輪先生の行っていた試験観察の補導委託も徐々にやりにくくなっていった。それでもまだまだ世論の多くは我々の訴えに耳を傾け支持してくれていた。

## (2) 感動的審判

私が弁護士になった頃、すでに最高裁は、法務省の少年法「改正」の動きに反対しなくなっていたが、前述のような権力的な裁判官ばかりではなく、次のような裁判官も少なくなかった。

ある少年が、暴走行為をくり返し、事故を起こし逮捕された。父は少年に厳しく接していたが、少年はそれに反発するばかりであった。少年には審判当日まであまり反省の態度は見られなかった。私もこのままでは少年院送致もやむをえないと思っていた。はたして審判の途中でも、少年は反省していると口では言うものの、本心から反省しているとは見えなかった。

白髪の裁判官は、静かに少年に語りかけていたが、父親に一言、「お父さんも大変だったのですね」としみじみと話しかけた。すると、父親はわっと泣き出した。皆驚いて、父親の様子を見ていた。すると、少年が叫んだ。「本当は僕が悪いんです。僕は少年院に行きます」。その様子をじっと見ていた裁判官は、保護観察を言い渡した。裁判官の一言が父親の本音を引き出し、そして、父親の少年に対する愛情が少年の反省を引き出したのである。

# 第3章　少年法の変遷

## 1　そもそも少年法とは、何であったのか

### (1)　シカゴに少年法誕生——なぜアメリカのシカゴに少年法が

〈当時の社会情勢〉

シカゴで少年法が誕生したのは、いわゆる「革新主義」の中での女性の活躍が大きな力を果たしたことによるとするのが通説的見解である。この「革新主義」なるものがどうして生まれたのか、その当時の社会状況を教科書的な文献をもとにみておきたい。[1]

当時のアメリカ(アメリカ合衆国を指す)は、急速な工業化が進み大企業が出現し、急激に都市化していった。同時に深刻な都市問題が発生した。黒人や移民を含む労働者の居住地

1　有賀貞＝大下尚一＝志邨晃佑＝平野孝（編）『アメリカ史(2)　世界歴史大系』(山川出版社、一九九三年)。

域はスラム化していった。貧困にあえぐ労働者の家庭では一五歳以下の子どもの多くが家計を助けるため働かざるをえず、その労働環境も過酷であった。[2]

このような急激な社会変動のなかで、中産階級を中心とした社会改革の運動が始まった。プロテスタント教会にも変化が生じ、教会は個人の魂の救済だけでなく、社会問題にも目を向け始める。[3] 改革的市民は立法や行政の助けを借りつつも民間の自発的な結社によって改革運動を推進した。

都市の移民・「下層市民」に助言と教育、さまざまな援助を与えるセツルメント(Settlement)活動が広がっていった。とりわけ有名なものはジェーン・アダムズが設立した、シカゴのハルハウスである。彼女は、「理想的な市民的、教育的条件の下で」人間の道徳的能力は無限に発達すると信じた。[4] 彼女らの運動が広がり、一九一二年には連邦労働省にも少年局が設置される。[5]

なお、少年裁判所の誕生を準備する二つの要因として、次項に述べる女性たちの活躍とともに、ヨーロッパの実証主義、科学的思想に基づく新しい犯罪学、刑罰学の発生をあげることができる。[6]

## 〈改革主義の先頭に立った女性たち〉

改革主義の先頭に立った女性たちの運動の成果のひとつが、世界初の少年法である。以下は、今出和利教授の『アメリカ少年司法制度の生成と展開―イリノイ州裁判所法を素材として』（信山社、二〇二三年）によりながら、アメリカ・シカゴでどのようにして少年法が作られ、その内容がどのようなものであったかを概観する。特に断りのない限りはこの書籍からの引用である。

少年法創設運動に大きな役割を果たしたのが、シカゴの女性たちで構成されたシカゴ・ウィメンズ・クラブ（Chicago Woman's Club：CWC）および、前述したジェーン・アダムズ等の設置したセツルメント・ハルハウスである。[7]

2　有賀ほか・前掲註1書一〇一～一〇九頁、紀平英作（編）『アメリカ史　新版世界各国史24』（山川出版社、一九九九年）二四三～二四七頁。
3　有賀ほか・前掲註1書一二三頁。
4　有賀ほか・前掲註1書一三二頁。
5　有賀ほか・前掲註1書一三一頁。
6　松尾浩也「アメリカ合衆国における少年裁判所運動の発展―日本への影響を中心に」家裁月報二六巻六号（一九七四年）二頁。
7　今出和利『アメリカ少年司法制度の生成と展開―イリノイ州裁判所法を素材として』（信山社、二〇二三年）三七～三八頁。

ＣＷＣは、ジェイル（拘置所）に成人とともに収容されている少年たちのために、シカゴ市に要求し、一八九八年に少年のための施設を作らせた。[8] プロベーション（試験観察、保護観察）を広めたとされるジョン・オーガスタスの功績に着目し、ＣＷＣの中心メンバーとなっていたルーシー・フラワーは、一八九五年にプロベーションワークを調査し、その後ＣＷＣが警察署にプロベーションワーカーを派遣するようになった。[9] また、彼女は他の女性団体に呼びかけプロベーション制度を取り入れた少年裁判所設置法案を起草した。[10]

その法律内容の骨子は、次のとおりである。[11] 対照となる少年は、一六歳未満の「要援助少年（dependent）」、「遺棄少年（neglected）」、「非行少年（delinquent）」とした。法に反した少年は例外なく少年裁判所に送致される。いわば全件送致である。プロベーションオフィサーを裁判所が選任する。成人との分離収容。良き道徳心を持つ市民、許可を受けた団体に保護を委ねる（一種の補導委託である）。以上の内容は、我が国の旧少年法にも影響を及ぼし、その精神は現行少年法にも引き継がれている。これらの功績からルーシー・フラワーは「少年裁判所の母」と呼ばれたという。[12]

〈デュープロセスが少年法反対の根拠〉

ルーシー・フラワーたちの努力は簡単に実ったわけではなく、法曹関係者は少年法実現にかなり否定的であったようである。ことに興味深いのは少年法反対の理由にデュープロセス違反が根拠とされていたことである。[13] 前述したようにアメリカで誕生することになる少年法は、親の保護が不十分な子に、国が親代わりになるというパレンス・パトリエの思想に基づくとされているが、デュープロセス理論はその思想を否定する根拠とされていたのである。我が国で唱えられた少年法「改正」の根拠にもこのデュープロセス理論が再び登場することになる。

## 〈パレンス・パトリエ(国親思想)とは〉

「国家は適当な親な保護を欠く児童とか、福祉が損なわれている少年に対して、親に代わる監護教育の責任を果たさねばならない。司法を背景にして、国が児童の親となり後見者となって、正当な親の与えるであろう世話と訓育を施し、社会に適応し

8 今出・前掲註7書四四頁。
9 今出・前掲註7書三八～四六頁。
10 今出・前掲註7書四八頁。
11 今出・前掲註7書六五～七四頁。
12 今出・前掲註7書三九頁。
13 森田明『未成年者保護法と現代社会』(有斐閣、一九九九年) 九頁。

自立するようにしてやらねばならない」[14]

との考えである。

この考えが国親（パレンス・パトリエ）という思想を生んだとされている。ところが、徳岡英雄教授の『少年司法政策の社会学』によると、[15]パレンス・パトリエは英国において、民事上、未成年者を保護しようとするもので、貧窮状態にある犯罪少年をイメージしていたものではなかった。それゆえに、刑事法のそれとは異なる法概念であるから、反対派のデュープロセス論は適用されないと考えられたという。

このように考えると、パレンス・パトリエの概念は、ルーシー・フラワーたちの改革主義に基づく少年保護の理論づけのために借用されたということになる。現時点で考えれば、パレンス・パトリエという概念に固執せず、少年を親に代わって健全育成することにより、少年の権利を守り、少年の非行から社会を守るという思想を主張すればよいと思われる。この概念は、その当時、法曹界に多くあった少年法に反対する人々を説得するために考えられた論法といえよう。

後述するが、少年保護（いわばパレンス・パトリエ）とデュープロセス（少年の自立性）の理論は両立しうるし、させるべきと考える。

## (2) 〝愛の法律〟と呼ばれた旧少年法

### 〈旧少年法以前〉

そもそも、江戸時代以前においては議会も存在せず、完全な中央集権国家も存在せず、近代的な意味での法律は存在していなかった。

江戸時代中期、公事方御定書には、殺人および放火について、「子心に弁《わきまえ》なく」これを犯した者を死刑ではなく、一五歳まで親類に預け、その後に遠島に処すべきとしている。[16]もっとも、農民一揆や反乱罪などでは家族が皆死刑にされた例があるようだし、各藩でさまざまに刑罰を定め、執行していたこともあり、少年法といえるほどのものはない。

明治になり、一八八〇(明治一三)年に旧刑法が制定された。そこでは一二歳未満の者の罪は問わず、一六歳未満の者で、是非の弁別なく罪を犯したものは刑法上の罪を問わず、

14 団藤重光＝森田宗一『新版　少年法〔第二版〕』(有斐閣、一九八四年)四頁。
15 徳岡英雄『少年司法政策の社会学―アメリカ少年保護法変遷史』(東京大学出版会、一九九三年)八一～八二頁。
16 石井良助『江戸の刑罰』(吉川弘文館、二〇一三年)二〇頁、団藤＝森田・前掲註14書六頁。

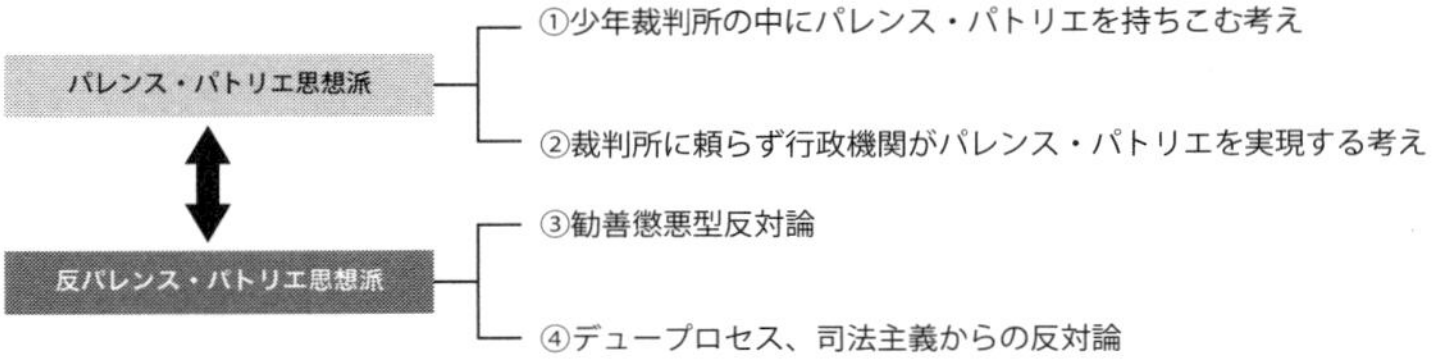


二〇歳未満の者には罪を減ずるとした（二〇歳未満には死刑は科されないことになる）。しかし、八歳以上、二〇歳以下の少年を監獄の一種である懲治場に収容するなど教育的配慮は不十分であった。[17]

キリスト教教誨師の留岡幸助は、米国の感化院制度の先進性にめざめ日本で監獄改良運動、感化院制の導入に努力した。いうなればパレンス・パトリエ思想の導入を主張した少年実務家である。小河滋次郎は、開明官僚として同様の活動をした。学者・研究者の立場では、著名な法学者である穂積陳重がそのイデオローグとなっていた。

### 〈旧少年法成立過程での論争〉[18]

論争は極論すると二つに大別できる。

留岡幸助らの主張しているパレンス・パトリエ思想派とこれに反対するものである。

パレンス・パトリエ派も二つに大別できる。ひとつは、少年裁判所の中にパレンス・パトリエを持ちこむ考えであり（①）、これこそが米国少年法の思想、現行少年法の思想である。もうひとつは、裁判所に頼らず行政機関がパレンス・パトリエを行うというものであり(②)、小河滋次郎の考え方がそれに属する。また、留岡幸助は柔軟な人物であったようであるが、この考えを支持したという。[19]両者は①の考えには強く反対していた。

反対派も二つに大別できる。ひとつは、古典的な勧善懲悪主義である(③)。古典的な刑罰論であり、教育論として精緻なものではないが、実務家や世論の中では今でも力を持っている。もうひとつは、司法的(責任)概念を強調する主義である(④)。近代刑法の責任主義、近代刑事訴訟法のデュープロセスを重視する考えである。米国での少年法誕生に反対した法律家たちも同様な論理を用いた。現在でも少年法「改正」論者の主柱となっている。犯罪が成立する場合は少年に対してもその責任の軽重を問わねばならず、その手続は裁判所の刑事手続に準ずるべきと考えるのである。

17 平場安治『新版　少年法』(有斐閣、一九八七年)四二〜四三頁。
18 大正の旧少年法の成立について、森田明『少年法の歴史的展開―〈鬼面仏心〉の法構造』(信山社、二〇〇六年)、森田明編著『大正少年法(下)』(信山社、一九九四年)の大作がある。私はほとんど、この二書に基づいて記述しているが、整理、記載の仕方は私の独断で、私に責任がある。
19 森田・前掲註18『大正少年法(下)』七頁。

旧少年法成立に際しては、長期間大議論が行われているので、必ずしもすべての論者がこの分類にあてはまるわけではないが、理解をしやすくするためこの四者に大別した。[20]

〈旧少年法の内容〉

長期にわたる大議論の末、成立したのは「裁判所に頼らず行政機関がパレンス・パトリエを実現する」型の法律である。もっとも、若干裁判所風とする工夫もなされており、少年裁判所という名称ではないのに裁判官が勤務し、裁判所が監督するというシステムであった。

米国の少年法を意識しつつ、行政機関である審判所という形にして司法型パレンス・パトリエに対する反対を抑え、アメリカの司法型パレンス・パトリエを主張する者に対する説得のために、裁判官が審判を行うという司法的装いを導入することになったといえる。いわば、〝妥協の産物〟と言ってもよいであろう。旧少年法には、アメリカの司法型パレンス・パトリエそのままの導入はなされなかったので著しく検察官の職権が大きいものとなった。

一六歳以上の少年、短期三年以上の懲役、禁錮に該当する犯罪を犯した少年は、検察官が保護処分が相当と考え、少年審判所に送致しない限り審判の対象とならない(旧少年法二七条)。これを「検察官先議」と呼んでいる。対象となる少年は一八歳に満たない少年である(旧少年法一条)。また、現在の調査官と保護観察官をかねたような「少年保護司」の制度を創設した(旧少年法一八、二三、三二条)。

審判にあたっては、「本人ノ性行、境遇、経歴、心身ノ状況、教育ノ程度等ヲ調査スベシ」として米国少年法の科学主義の影響がうかがえる。

審判所がなす保護処分は、次の九つである(旧少年法四条)。

1 訓誡
2 学校長訓誡
3 書面による誓約
4 条件をつけて保護者に引渡すこと
5 寺院、教会、保護者団体等への委託
6 少年保護司の観察

20 もっとも、森田明は、パレンス・パトリエとデュープロセスを択一的、二分論的に考えることの危険性を指摘している(森田・前掲註18『少年法の歴史的展開』四〇〇頁)。私も基本的に同意見である。

7　感化院送致（現在の児童自立支援施設に近い）
8　矯正院送致（現在の少年院に近い）
9　病院への送致又は委託

現行法と較べて処分の内容が多様である。かつての少年法改正構想にも似たようなものが示されていた。

旧少年法三七条には仮に、保護者に預けることや少年保護司の観察にすることや適当なる者に委託することの規定がある。これは現行法の試験観察のようなものであろう。また、弁護士の付添人も予定されている。しかし、私が弁護士になった頃、一九八〇年においてさえも、身柄事件についてもほとんど弁護士が選任されていなかったので、実際には旧少年法下でどの程度の実績があったのだろうか、疑問である。

〈貧弱な予算〉

〝愛の法律〟と宣伝されたわりには、予算的にはまったく貧弱なものに終ったのが旧少年法である。当初四百三〇万円であった予算が、実際には五四万円となって議決されたという。[21]

したがって、旧少年法の施行地域は当面、東京と大阪のみであった。全国に同法が施行されたのは、第二次世界大戦中の一九四二(昭和一七)年である。ひき続く戦争のため、国力が疲弊していた当時、まともな少年対策など期待しようもなかった。まさに絵に描いた餅にすぎなかった。

## 2 現行少年法の特徴

### (1) はじめに

一九四八年、旧少年法を改正するという形で、現行少年法が成立した。「改正」とはなっているものの、現行少年法は旧少年法の内容を一新するものである。アメリカ・シカゴで誕生した少年法のパレンス・パトリエの思想をより強く反映したものである。アメリカ占領軍の意向も強く反映したものではあったが、現行少年法はパレンス・

21　森田・前掲註18『少年法の歴史的展開』二〇五頁。

パトリエの思想を実践しようとする少年問題の実務家から強く支持されていたと思える。私のごとき者が、今さらそれを解説する資格はないが、読者の便宜を考えて、以下に現行少年法の特徴を整理しておく。[22]

## (2) 家庭裁判所の誕生

まず、初めにあげられるのは、行政機関たる審判所ではなく、新たに家庭裁判所という裁判所を創設し、そこで少年の処分を決定するとしたことである。この点が、旧少年法より、いっそう、アメリカ・シカゴで誕生した少年法のパレンス・パトリエの思想を実現した法律となったことを意味している。

## (3) 検察官先議から家裁先議

少年事件について、少年を保護処分にすべきか、刑事処分にすべきかは、旧少年法においてはすべて検察官が決していたが、現行少年法では検察官は事件をすべて家裁に送致せねばならず(全件送致主義)、処分の決定は家庭裁判所が行うこととなった。家庭裁判所が刑事処分相当とし、事件を検察官に送致(検察官送致、逆送決定)したときのみ、検察官は刑事裁判所（地方裁判所）に起訴することができる。これを家裁先議と呼んでいる。

現行少年法での検察官の役割を揶揄してトンネル機関と呼ばれていたことがあった。検察側としてはこのような現行少年法の誕生は快いものではなかったと言われていた。

## (4) パレンス・パトリエ

〈健全育成〉

パレンス・パトリエの思想の一部として少年の健全育成が含まれるが、このことを現行少年法は目的と定めている（少年法一条）。

〈科学主義〉

パレンス・パトリエの思想は、その少年がどのような環境にあり、どのような素質を持ち、現在どのような心理状況にあるかを見定めて、慎重にその少年にあった処遇を決定することも含んでいる。アメリカ・シカゴの少年法制定時にも、少年の非行の原因、その置

22　現行少年法の特徴については、古典的名著というべき、団藤＝森田・前掲註14書八頁、平場・前掲註17書四八頁以下があるが、他に、守屋克彦＝斉藤豊治（編集代表）『コンメンタール少年法』（現代人文社、二〇一二年）七頁以下、武内謙治『少年法講義』（日本評論社、二〇一五年）八頁以下などを参照されたい。

かれている環境などを科学的に明らかにしようという考えが強かった。

現行少年法も、少年鑑別所という、科学的に少年の心身の状況を鑑別する制度を導入し、審判にあたっては「医学、心理学、教育学、社会学その他の専門的知識」を活用して調査を行うとしている(少年法九条)。また、現行少年法は裁判所が調査官に命じて必要な調査を行うことを予定している(少年法九条)。

調査官は、少年の生育歴や家庭環境などを調査し、その調査は社会調査と呼ばれ、鑑別所の鑑別が資質鑑別と呼ばれるのとセットになっている。かつてはすべて、心理学、教育学、社会学、その他行動科学のプロというべき人々が調査官となっていたのも、この科学主義の現れである。

従来の刑事裁判は被告人がどのような者であれ、罪に従って公平に罰するという考えから、被告人が何者かを見ないように目かくしをした法の女神を想定したが、少年法はむしろ少年の人格、家庭環境に目を向けた、目を開いた法の女神を想定している。

札幌市資料館玄関庇の法の女神
(旧札幌高等裁判所)

〈ケースワーク機能〉

アメリカ・シカゴの少年法はプロベーションの発達とともに形成されていった。また、裁判所(国)が少年の親代わりになることは、裁判所自身が親の機能を果たすことをも意味している。プロベーションやケースワークは、本来は行政的機能に分類されるが、裁判所自身が親代わりと考えれば、裁判所の機能の中にプロベーションやケースワーク機能を持つことが認められ、かつ必要とされるのである。

現行少年法は「調査官」という名称を使用しているが、調査官は単に〝調査〟のみを行う存在ではない。現行少年法は二五条において、保護処分前に少年を「調査官の観察に付することができる」としている。これが試験観察と呼ばれるものである。これは米国の少年法の定めるプロベーションに相当するものである。これこそ、パレンス・パトリエの中心概念である。

かつて、調査官たちは皆自分たちのことをケースワーカーと思い、それを自負し、誇りにしていたのである。その経歴や資質からみても、どの人も良いケースワーカーたる資格を備えている方たちであった。しかし、調査官自身が少年と生活をともにし、毎日少年を直接指導することは不可能である。少年院に送るのはかわいそうだが、少年を家庭に置いて、時々調査官が少年を指導し、親に助言を与えるだけでは心配な少年も多い。

そこで、しっかりした個人や施設に少年の身柄を預かってもらい日夜指導をしてもらうことにしたのが補導委託の制度である。あくまでそれは〝委託〟しているのであるから、裁判所が〝補導〟の責任を持っている。これが前述した、花輪次郎先生たちが行っていた補導委託の制度である。

以上、述べてきた健全育成、科学主義、ケースワーク機能、これらをまとめて言えばパレンス・パトリエ（国親思想）と言ってよい。かつては、家庭裁判所の裁判官も調査官も弁護士もパレンス・パトリエを信じ、実行し、それを誇りにしてきたのである。

## 3　少年法「改正」の経過

### (1)　はじめに

少年法「改正」の経過については、斉藤豊治『少年法研究2――少年法改正の検討』（成文堂、二〇〇六年）、葛野尋之編『少年司法改革の検証と展望』（日本評論社、二〇〇六年）に詳細に検討がなされており、守屋克彦＝斉藤豊治(編集代表)『コンメンタール少年法』(現代人文社、二〇一二年)にもまとめられている。二〇〇〇年の改正については、私も執筆を担当させていただいた団藤重光＝村井敏邦＝斉藤豊治ほか『「改正」少年法を批判する』(日本評論社、二〇〇〇年)がある。[23]

私は、これらの著作とは別個の見解を持つわけではもちろんないが、読者の理解を容易にするために、以下に、少年法「改正」の経過をまとめることとした(ただし、二〇二一年改正の評価についての記述は私自身の見解によるものである)。

## (2) 一九六六年「少年法改正に関する構想(一)(二)」

この構想は、一口に言えば旧少年法への回帰を目指したものである。私たちは、検察官の〝失地回復〟の動きとして捉えていた。その要点は、次のとおりであった。

①一八歳以上の少年は「青年」とし検察官先議とする

23 なお、二〇二一年改正については、川出敏裕『少年法［第二版］』(有斐閣、二〇二二年)四二一頁以下を参照されたい。

②一八歳以上の「青年」の審判には検察官が出席し意見を述べることができる
③保護処分を「多様化する」

以上の内容、特に①②については、後の少年法「改正」を暗示している感がある。最高裁は法務省案を厳しく批判した。その最高裁の態度は、一九七〇年に法務省が「少年法改正要綱」を発表し、一八歳以上の「青年」についてはすべて刑事手続とし、一七歳以下の少年審判にも検察官の関与、抗告権を認めるべきと主張した頃までは目立った変化を見せなかったと感じている。森田宗一判事、三淵嘉子判事などの少年事件裁判官や調査官も、積極的に反対運動を展開し、日本弁護士連合会も活発に活動し、むしろ付添人制度の樹立こそ必要と訴えた。多くの学者・研究者や文化人も反対の声をあげ、その結果これらの少年法「改正」案は実現しなかった。

### (3) 一九七六年　法制審は、いわゆる「部会長(植松)試案」を中間報告として決議

一九七六年、法制審議会少年法部会は、「中間報告」として大要、次のとおり議決した(ただし、以下の整理の仕方は報告の順番どおりではなく、私の判断で重要な順と思われる順番に書き並

べたものである）。

①検察官関与

検察官は家裁の要請又は許可があった場合には審判に出席できる。年長（一八歳以上）少年の死刑又は無期若しくは短期以上の懲役若しくは禁錮にあたる罪の事件については、検察官は家裁の要請、許可がなくても審判に出席できる。

②検察官の抗告

検察官は法令違反や重大な事実誤認を理由として家裁の決定について抗告できる。年長少年については刑事処分相当を理由としても抗告できる。

③全件送致の制限

一定の限度内で捜査機関の家裁への不送致を認める（形式的には捜査機関によるダイバージョンであるが実質的には家裁の審判権の制限である）。

④補導委託の期間制限

⑤国選付添人制度を設ける

⑥短期少年院、短期保護観察の導入等保護処分の多様化と流動化を図る

以上のうち①〜③は、一口に言えば家裁の権限を縮小して検察官の権限を拡大するものであり、家裁のパレンス・パトリエ機能を損なうものである。④の補導委託の期間制限は、少年の人権保障を看板にして、その実、家裁のケースワーク機能を低下させようとするものである。現にこの頃から、しだいに最高裁の指示によると思われる試験観察の期間の短期化、固定化が見られるようになっていく。

⑤は別として①〜④は、少年法のパレンス・パトリエを守ろうとする弁護士や実務家には、まったく受け入れられない内容である。なお、以上の各論点のうち大部分は、二〇〇〇年改正以降の記述で再び議論する。一九七六年時点では少年処遇の刑罰化、厳罰化を心配する学者・研究者、文化人も多く、世論の大勢はこの報告には反対であった。

しかし、最高裁は、一九六六年を境に、徐々に姿勢を法務省に近づけていき、ついにこの段階では中間報告支持の立場に立った。この中間報告は、弁護士会委員らの強い反対もあって議論がまとまっていない状況で突然提案され、いわば〝強行採決〟されたようなものであった。そのような審議方法に抗議し、日本弁護士連合会が推薦する委員や幹事は全員辞任し、その直後採決が強行された。日本弁護士連合会は、法曹関係者ばかりでなく広く文化人、学者・研究者、各分野の少年保護の実務家などと協力しこの「改正」案の法案化を阻止した。[24]もっとも、一九七六年頃から、短期少年院、短期保護観察等は実質的に本格実施されるようになった。

## (4) 二〇〇〇年 少年法「改正」

ついに、少年法の大改悪が始まった。

これまで現行少年法の条文自体は、特に変化はなかったが、現行少年法成立後五〇年あまりを経て、条文自体の大改悪が始まったのである。それまで法務省、裁判所が主張していた、改悪をはるかに上回る刑罰化、重罰化が実現してしまった。

私は、すでに一九七六年当時の最高裁の態度の変化について述べたが、私があえてパレンス・パトリエ派と表現する裁判官たちは、だんだん主流ではなくなっていき、時代を経るに連れ、減少していったと感じる。

格別に、少年法について明快に異論を唱えているわけではないが、少年審判は単なる刑事裁判の一種であるとするような審判での裁判官の態度や刑事裁判官としても常識にそぐ

24 自由と正義二八巻九号（一九七七年）、「少年法『改正』答申に対する意見」日本弁護士連合会（一九八四年）、ジュリスト六三二号（一九七七年）参照。

わない発言、強引な決定が気になるようになってきていた。現行少年法はアメリカ・シカゴの少年法の真(神)髄を理想的に実現したものである(もっとも、アメリカ・シカゴの少年法も現実においては理想的に実施されていたのではなく、かなりの弱点を有していたようである。予算不足に悩まされ、あからさまな人種差別も存在していたと言われている)[25]。

現行少年法は、少年はみな立ち直る可能性と能力を持っていると信じようとする楽天性を持っている。これは私のこれまでの体験と、それに基づく信念にぴったり合致するものである。この少年法は、裁判官に対しても楽天的に想定し、一言で言えば少年に理解のある善良な人を想定している。だからこそ、家裁の裁判官に非常に大きな権限を与えている。

団藤重光＝森田宗一『新版　少年法「第二版」』は次のように述べている。

> 「随分過大な要求のようであるが、少年審判が司法的、社会的、教育的、かつケースワーク的な諸機能の総和であり、判断と処遇の決定、並びにその後のコンダクター役を裁判官に全権委任している建前(筆者圏点)であるが故に、むしろ当然の要請とされているのである。要約すれば、少年審判の裁判官は、有能な法律家であるとともによき教育者であること、人間と社会に対する深い見識をもつ実務家であり、

ケースワーカーであること、それらの素質を渾然と兼ね備えた人であることが要請されるというべきであろう」[26]

私自身、このような深い見識を持っているとはとうてい言えないが、少年法が家裁の裁判官にそのように期待していることはまちがいない。現実に家裁の裁判官がすべて、理想的な人物で理想的に振る舞えるなどとは期待できぬものの、家裁の裁判官たるものは、それを目指していただきたいものである。

ところが、私の経験でも、中学三年生の低学力の少年に、いきなり、「二次方程式の解を述べよ」とか、「今から言う文章を英訳せよ」などと述べたり、韓国籍の人を「三国人」と差別用語で呼んだりする裁判官や、付添人がついたのに、こちらが何の意見を言う間もなく逆送決定をしてしまう裁判官にすら遭遇するようになった。

一九八〇年代には、「草加事件」等、殺人等の重大事件の冤罪問題が弁護士の関心事と

25　デビッド・S・タネンハウス（石川正興監訳）『創生期のアメリカ少年司法』（成文堂、二〇一五年）六三〜六七頁、一〇〇頁ほか。

26　団藤＝森田・前掲註14書二〇四頁。

なっていた。

一九九三年には、山形県新庄市の中学校で、マットでぐるぐる巻きにされて死亡している中学生が発見された。遺体の発見状況からいじめ事件とも見える事件で中学生らが逮捕されたが、地裁では、少年たちの非行事実を認めない民事訴訟判決がなされ、家裁で三人の少年について非行事実なしを理由とする不処分決定がなされた。この事件は、通称、「山形マット死事件」と呼ばれ世に大きな波紋を投げかけることになった。

捜査機関は、少年たちが不当に処罰を逃れたとばかりに、審判への不満を表明した。現職裁判官でも、以下のように主張し、審判の方式を改めるべきとする人が現れた。検察官のいない審判廷では、刑事訴訟のように十分な事実解明がしにくい。付添人が出席しているのに、検察官がいなければ、付添人の主張に対して疑義を述べる者が他にいないので、その役を裁判官が担わざるをえない。しかし、それでは裁判官が検察官の役割をも担うことになって、公平な裁判ができないという。この考えは、「八木論文」というものに代表されて有名になった。[27] 私たち弁護士の多くは、その「八木論文」の主張は、少年に罰を与えることに傾斜した姿勢であって、パレンス・パトリエの精神を後退させるものであると反対した。

私たちの感覚としては、検察官が出席していない現在でも、裁判官は検察官的な対応をとることが多いのに、検察官が審判廷に出席すれば検察官が二人いるようなもので、検察官が出席したとして、現在より公正な裁判がなされるとはとうてい思えなかった。

しかし、現実の家裁の少年審判の裁判官の態度に絶望していた弁護士の中には、検察官が出席して、刑事訴訟のように厳格な手続（デュープロセス）をとる方が、少年の権利保護に利すると強く主張する人たちも現れた。

当時の刑事訴訟は、平野龍一教授がすでに指摘していたように、「かなり絶望的な状況」になっており、[28] そこに期待することは、私たちにとっては非現実的に思われた。現に、その後の展開、特に裁判員制度導入後の、少年に対する刑事裁判の現実を見ても、少年法に従った刑事裁判という特色が見られる刑事裁判は見聞きしていない。私から言わせれば、平野教授が「かなり絶望的」と嘆いた刑事裁判の実態が少年事件において特に改善されたようすはまったく見られないのである。しかし、前記の裁判官らの主張は一応「公平な裁判」、

27　八木正一「少年法改正への提言」判例タイムズ八八四号（一九九五年）三五頁。
28　平野龍一「現行刑事訴訟法の診断」平場安治ほか編『団藤重光博士古希祝賀論文集［第四巻］』（有斐閣、一九八五年）四〇七頁以下。

「適正手続」を看板とするものであって、〝厳罰化〟そのものを主張しているものではなかった。

ところが、私たちの担当した、「神戸連続児童殺傷事件」や、一九九九年四月に山口県光市で起こった母子殺害事件、二〇〇〇年五月に佐賀県で起こったバスジャック事件などが発生した頃から、与党議員らを中心として、少年に対する厳罰化の要求が急速に強まり、二〇〇〇年一一月についに少年法「改正」が成立した。その「改正」の内容および問題については、私も拙著で「改正」反対論を展開している。[29] 現在、特に新しい主張をつけ加えることはないが、ことの本質を、読者に理解していただくために、私が重要と思う点を先に説明し、その他の点をその後に説明することとする。

少年法二〇条ただし書きは、「送致の時十六歳に満たない少年の事件については、これを検察官に送致することはできない」としていた。

刑法上、刑事責任能力は一四歳以上と規定されているが、現行少年法のパレンス・パトリエの精神からすれば、一四〜一五歳という中学生に相当するような未熟な子どもを、成人と同様に刑務所に入れるなどという考えはありえないのである（もっとも、少年を収容する刑務所は少年刑務所として成人の刑務所とは別になっているが）。

現に、二〇〇〇年当時も、一六歳以上の少年であっても、少年で刑務所に入所する者はごくわずかであって、少年で少年刑務所に在所している者は全在所者の一割にも満たない状況であった。

しかし、このただし書きが削除されてしまったのである。

換言すれば、一四～一五歳の中学生であっても刑務所に収容されることになったのである。これは、少年法のパレンス・パトリエを後退させ、刑罰化に大きく傾いた改悪と言わざるをえない（なお、新設された少年法五六条三項は、少年院において一六歳に達するまで刑の執行ができるとしている。しかし、少年院に刑罰機能を果たさせることは、結果としてパレンス・パトリエを後退させる危険がある）。

次に、少年法二〇条に二項として、次の条文が加えられた。

「前項の規定にかかわらず、家庭裁判所は、故意の犯罪行為により被害者を死亡させた罪の事件であつて、その罪を犯すとき十六歳以上の少年に係るものについては、

29　野口善國『それでも少年を罰しますか』（共同通信社、一九九八年）一三一頁以下。

同項の決定をしなければならない。ただし、調査の結果、犯行の動機及び態様、犯行後の情況、少年の性格、年齢、行状及び環境その他の事情を考慮し、刑事処分以外の措置を相当と認めるときは、この限りでない」

いわゆる、「原則逆送」と呼ばれる条項である。

もともと、少年法二〇条一項の本文は、

「家庭裁判所は、死刑、懲役又は禁錮にあたる罪の事件について、調査の結果、その罪質及び情状に照して刑事処分を相当と認めるときは、決定をもって、これを管轄地方裁判所に対応する検察庁の検察官に送致しなければならない」

としており、家裁に対しかなり広範囲に逆送決定の権限を与えている。

にもかかわらず、二項をつけ加えることは、家裁の裁判官に保護処分を決定することをためらわせ、むしろ、検察官送致(逆送)の決定を当然とする方向に実務を変化させることになる。

旧少年法二七条では一六歳以上の少年は、裁判所または検察官から送致された場合のほかは、審判所が審判できないことになっていた。いわゆる「検察官先議」である。私から見れば、この少年法二〇条二項の新設は、この旧少年法の検察官先議に事実上一歩近づいたかのように見える。

改正少年法二二条の二では、

一　故意の犯罪行為により被害者を死亡させた罪

二　死刑又は無期若しくは短期二年以上の懲役若しくは禁錮に当たる罪

の事件について、家庭裁判所が必要と認めるときは検察官を出席させる決定ができることとなった。私たちが強く反対していた検察官関与である。これによって、少年審判は刑事手続の対審構造に近づいたことになる。

従来、少年法五一条は、一八歳未満の少年に対しては、逆送決定により刑事手続に付された場合、無期刑をもって処断すべきときは十年以上、十五年以下の懲役又は禁錮の判決をすることになっていた。しかし、改正少年法五一条二項は、以上の場合、有期懲役も選択できるが無期刑も科すことができるようになった。この点は明白な重罰化である。

少年法二二条の審判の方式の規定は、「自己の非行について内省を促すものとしなければならない」との条項となった。

もとより、少年の健全育成を考える裁判所が、審判の感銘力によって少年に自分の行為を見つめ直させるのは当然である。しかし、今さらこのような条項を設けるのは、形式的な反省を促すことにより少年が真実の反省をする妨げになるはしないかと心配である。岡本茂樹『反省させると犯罪者になります』（新潮社、二〇一三年）の著作も思い出させる規定である。

少年鑑別所での観護措置の期間も、従来最長四週間であったものが、八週間に改められた（少年法一七条四項）。ただし、八週間まで延長されることは、ほとんどないようである。

以上のほかに、検察官関与の場合には弁護士の付添人を必要とするなど、若干少年の権利保護の規定が新設されたほか、被害者が少年保護事件の記録の閲覧・謄写を認める規定を置くなど、被害者の権利保護の規定（少年法五条の二）が設けられた。これについては賛成であるが、だからといって、前述してきた刑事手続化、重罰化の規定の新設を認めることはできない。

## (5) 二〇〇七年、二〇〇八年 少年法「改正」

この頃になっても、少年に厳しい対処を求める世論や政治家の動きは治まらなかった。二〇〇七年に少年法が「改正」され、刑事責任能力のない一四歳未満の少年(「触法少年」と呼ばれる)も少年院に収容可能となった。触法少年の調査という名目で、実質上、警察官が触法少年を捜査することを認める規定が新たに置かれることとなった(少年法六条の二)。

これらの規定の新設により、小学生でも少年院に入院させられる可能性が出てきた。もともと少年院は法務省の刑事政策の一環として作られた閉鎖施設であり、児童自立支援施設(かつての教護院)は厚生労働省の行う福祉政策の一環としての開放施設と考えられていた。したがって、刑事責任能力のない子どもは、刑事政策の対象として、少年院に収容することはせず、福祉政策の対象として児童自立支援施設に収容していたのであった。

ところが、この「改正」によって、小学生でさえ、少年院に収容しうるという制度になったのである。これは子どもに対する福祉的措置を制限し、より刑事政策的措置をとろうとするものであり、根本において、少年法のパレンス・パトリエの思想と相反するものである。

触法少年が警察官の調査（事実上の捜査）を受けるときには、付添人弁護士を選任することができるとされた（少年法六条の三）。だからといって、一四歳未満の子どもを少年院に送致することには、まったく賛成できない。しかも、二〇〇〇年少年法改正により、少年院は刑の執行をなしうる場所となった。極論を承知であえて言わせてもらえば、明治初年に、監獄内に子どもを収容した懲治場を思い出させるのである。

新設された少年法二六条の四では、保護観察の遵守事項の重大な違反があったときは少年院その他の施設へ送致することができると明記された。改正前にあっても保護観察中、相当重大な再非行があれば保護観察が取り消され施設収容の処分決定がなされていた。したがって、実務上あまり大きな変化はないと考えられるが、「少年を甘やかすな」との世論の反映とも考えられるものである。

二〇〇八年には、被害者に少年審判の傍聴を許す規定が新設された。これについては私も反対するものではない。

## (6) 二〇一四年　少年法「改正」

少年法の「刑事手続化」、「厳罰化」は、ますます進行した。刑事手続化を示すものとしては、二〇〇〇年「改正」で、導入された検察官関与制度の範囲をより拡大したことがあげられる。

二〇〇〇年「改正」の少年法二二条の二では、故意の犯罪行為により人を死亡させた場合と短期二年の懲役禁錮より重い罪を犯した事件にのみ、検察官立会いが認められていたのにその範囲が拡大された。長期三年以上の懲役、禁錮にあたる場合には、検察官立会いを認めうることになった。非常にその範囲が広がったのである。たとえば、最も身近な犯罪と思われる窃盗は、長期は一〇年である。傷害も、その程度にかかわらず、法定刑は長期が一五年である。住居侵入でさえ、長期は三年である。多くの少年審判において、検察官立会いがなされうる条文ができたのである。

「厳罰化」は、無期刑を緩和した際に言い渡される刑期をより長期化し、不定期刑の刑期の範囲をより長期化したことに代表される。これまで、無期刑が有期刑に減刑されるとき、長期は一五年以下とされていたのに、二〇年以下に変更された(少年法五一条二項)。また、これまで不定期刑は五年から一〇年の範囲となっていたが、一〇年から一五年に変更された（少年法五二条一項）。

検察官関与の範囲が広げられる関連で国選付添人制度の範囲は拡大されたが、だからといって少年審判の刑事手続化という根本的な問題が解決されるものではない。

## (7) 二〇二一年　少年法「改正」

この当時、私は、この六〇年の中で少年法の最大の危機を感じた。わかりやすく言えば、一八歳はもう成人だから、一八歳以上の少年に少年法は不要であるという論調の高まりである。一八歳で選挙権も与えられ、民法でも成人として行為能力が認められた者に、未成熟な少年に適用すべき少年法は適用しないでよい、という一見したところわかりやすい論法である。

しかし、この論法の結論は、旧少年法の一八歳以上は成人同様に刑事手続をとるという制度への先祖返りとなると考える。それは、一九六六年の「少年法改正構想」以来の法務省の姿勢と同一の方向である。

一九六六年当時の状況と異なり、民法の成人年齢が一八歳に引き下げられており、公職選挙法改正により選挙権が一八歳で認められているからといって、当然に少年法の適用範囲が一八歳未満になるという論理が正しいのかは慎重に議論されるべきである。

一八歳という年齢は、もうパレンス・パトリエの対象とならない大人として考えるのかどうか、その成熟度、成長発達の度あいが検討されねばならないし、少年法が民法や公職選挙法による成人(大人)の認定基準になぜあわせねばならないかも検討されねばならない。[30]

私は、長年付添人として少年法のパレンス・パトリエを実践してきたつもりであり、多くの少年と接してきた。その経験を通じて体感していることをベースにして二つの論点について、私なりにわかりやすく説明してみたい。

まず、少年の成熟度について述べる。

身体的、生物学的な成熟という意味において一八歳の少年は二〇歳の成人と大きくは異らないと感じる(ただし、脳の発達については一八歳という年齢はまだ発達途中といわれており、脳の発達は二五歳くらいまで続くという)。[31] しかし、非行をなした一八歳の少年は精神的には発達

30 この二つの論点については、葛野尋之＝武内謙治＝本庄武編著『少年法適用年齢引下げ・総批判』(現代人文社、二〇二〇年)にて詳細に明らかにされているため、私がそれに特に付け加える必要はないと考える。

31 葛野ほか・前掲註30書四五頁、六一頁。

が一般の少年より遅れている部分があるように思われる。ＩＱなど知能という面ではかなり優れていても、考え方の偏りや情緒の発達の遅れ、共感力の不足ということがしばしばある。

たとえば、第1部第3章「タクシー運転手強殺事件」〔→123頁〕において、少年Bが被害者をだまし、安心させて容易に被害者を殺害した行為は、非常に狡猾で残虐である。事件の犯行行為を見れば悪賢い知恵にたけた人物と思えるが、事件を起こした直接の動機が、「いっしょにいた彼女を野宿させるわけにいかない」という単純なもので、タクシーの運転手を殺して得た金額がわずか八千円あまりであったこともあわせ考えると、ふつうの知性を持つ人ならとうていありえない行動である。

また、国立難関大学に合格していたような者は、すぐ捕まるような盗撮行為をすることは馬鹿げていると判断するのが通常である。見つかれば、当然に厳しい処罰がなされうるし、大学も退学になる可能性もある。そのような事件を起こした少年には、被害者にどれだけの恐怖、嫌悪感を与えるのかという共感力、想像力が育っていなかったのである。

犯罪、特に重大な犯罪を犯すような少年は親に愛されたという感覚を持っていない。「自分で」（自立）と「見てて」（保護）の体験をした感覚を持っていない少年と私は考えている

〔↓144〜145頁〕。「見てて」(保護)が不足している場合は、ネグレクトや暴力が認められる場合が多く、外部からわかりやすい。しかし、見過ごされがちなのは過干渉や精神的支配である。これらの場合は、「自分で」(自立)が体験されていない。自分の頭で考える体験ができていないのである。

有名受験校で優等生であった高校生が、家に火をつけ母親たちを殺害した事件では、父親が過度の干渉をして、本人に受験勉強を強いていた。小学校一年生の時に、担任教師が家庭訪問に来たが、その面前で父親は、本人が漫画を読んでいるとして殴りつけた、と言われている。

高いビルから幼児を投げ落とした中学校一年生の男子は、母から三〇分単位で時間を管理されていた。警察に事件を察知されるより、母親にそれを知られることを怖れていたという。

先ほどの盗撮の大学生の母親は、大学生に対して十分に愛情を注いだつもりであったが、大学生になっても食事のマナーをいちいち注意するような状況で、自立させるという面ではやや不十分であったように思われた。

次に、市民の感覚として、一八歳の者が成人として捉えられているのかどうかを検討してみよう。欧米においては、成人年齢を一八歳と定めている国が多く、一八歳の者を成人として取り扱う社会的風潮も見られる。他方で、日本の市民感覚はそれとはかなり異なっているのではなかろうか。たしかに、高校を卒業して、大学生になったとき、または、就職したときは、ある程度社会の一員として見る風潮が、私が学生の頃からすでに存在していたと思う。そういう者が飲酒・喫煙をしても、〝大目に見る〟風潮は存在していた。

しかし、一八歳の高校三年生を一人前の社会の一員として見る風潮は、昔(六〇年前)も今も存在していないのではないか。現在でも、中学、高校生に対する厳しい校則による指導が問題になっているが、一八歳の者には校則を適用しないという例はほとんど存在していないように思われる。また、実際に、同じ高校三年生の中で一八歳の者と一七歳の者との指導を区別するなどは不可能である。まして、日本の中学校、高等学校は従来、子どもを権利の主体として見るより、指導の対象として見る傾向が強かった。

一九九〇年代まで、神戸市は中学生男子に事実上丸刈りを強制していたし、「校門圧死事件」として全国に知れわたった公立高校では、「下着は白の無地を着用」などの重点指導目標を定めており、その生徒指導部は次のように広報していた。

「世間では学校教育現場の実情をご存知なく、ともすると無責任な発言がしばしばなされているのは残念なことです。例えば現代の若者の社会的モラルの低さを嘆く反面、自由と放縦を混同し、徒らに規則を非難するといった類の風潮です」

残念ながら、現在でもこのような指導が完全に消滅しているとは言えないであろう。一方、一九八九年に、私たちが、日本弁護士連合会の代表団として訪問したニューヨーク市教育委員会の「ハイスクールの生徒の権利と義務」のパンフレットには、義務に関する記載はほんのわずかで、大半が生徒の権利について記載されていた。

- 教師に対して、自分の成績をどのように評価したか情報を得る権利
- 学校記録を吟味する権利
- 妊娠しても通学できる権利
- 学校敷地の周辺で新聞や文書又は政治的なリーフレットを配布する権利
- 政治的な表現のボタン、腕章その他のバッジをつける権利

等々である。[32]

日本では一八歳の高校生の自動車運転はおおっぴらには認めていないようであるが、アメリカの映画などでは、一七〜一八歳の者が車を運転するシーンをよく見る（アメリカのハイスクールでは車の運転を学ぶ授業があると聞く）。したがって、アメリカで一八歳は成人と考えられているからと言って、日本において一八歳の者が成人として扱われてきたとは言えない。日本では、一八歳の高校生はむしろ子どもとして扱われてきたと言えよう。

次に、他の法制度との関連について述べる。

まず、民法の成人年齢は、民事法の権利・義務を判断する能力は平均して一八歳くらいになれば備わってくるであろうという考えに基づいている。ところが、少年法は、非行をなした少年の精神発達が未熟で、可塑性に富んでいることを前提にしたものであって、一八歳という少年一般の平均的能力を前提にしているものではない。

また、公職選挙法の投票資格は、子どもの権利条約の特長のひとつである、子どもの参加（主体性）を尊重した結果、考えられたものであって、少年法が保護処分をなすことが適切と考えられる上限を定めた趣旨とはまったく異るのである。すなわち、投票権については、なるべく早期から認める方向が望ましく、一方、少年の保護の範囲はなるべく多くの子どもに認めようという趣旨である。

そもそも、旧少年法の制定時、すでに民法の成人年齢が二〇歳であったのに対し、少年審判の対象年齢が一八歳未満とされたのであるから、少年法の適用年齢が民法の成人年齢と異っていてもなんら不思議はない。児童福祉法は、一八歳未満の児童を対象としていたが、近時の法改正によって一八歳以上の者に対しても保護の範囲を広げている。二〇二二年に成立(二〇二三年改正)したこども基本法二条一項において、「『こども』とは、心身の発達の過程にある者」と定義されており、むしろ二〇歳に達している者でも子どもとして対応しうることを規定している。

少年法適用年齢を一八歳未満に引き下げるという改悪は、多方面から反対が強く長期間実現しなかったが、二〇二一年に一八〜一九歳の少年については、「特定少年」として原則逆送の規定が設置されるなど厳罰化の少年法改悪が実現してしまった。特定少年は、罰金以下の刑にあたる事件でも逆送が可能となり(少年法六二条一項)、短期一年以上の懲役または禁錮以上の刑にあたる事件については、原則として逆送されることとなった。

32　野口善國『どうなる丸刈校則』(兵庫人権問題研究所、一九九一年)六〇〜六一頁。

特定少年には不定期刑は適用されず（少年法五二条）、定期刑のみとなり、刑期は最長三〇年となった（刑法一四条一項）。特定少年は、他の少年と異なり、罰金、科料を支払わないときには、労役場留置が科せられることとなった（少年法六七条四項）。

少年（犯行時少年）は、これまで少年刑務所へ収容されることとなっていたのに、二〇歳以上の者と同じ刑務所に収容してもかまわないとされた（少年法六七条四項）。

これまで、少年については、成人とは異なり、早期に仮釈放をなしうる制度が存在していたが（少年法五九条一項）、この取扱いも特定少年にはなされないこととなった。

刑を受けたときの公職や弁護士等の特定の職業の資格についての制限が、少年については、その刑の執行を受け終った場合等に刑の言渡しはなかったものとみなされていたが（少年法六〇条一項）、このような優遇制度は、特定少年には適用されなくなった。

少年法六一条は、これまで少年については住所、氏名等のいわゆる推知報道が禁止されていたが、特定少年についてはこの制度も適用されなくなった。

主な改悪の内容は以上のとおりであり、パレンス・パトリエの擁護論者の私から見れば、形式的なデュープロセス論を旗印とした、パレンス・パトリエの後退と厳罰化であるとしか思えない。アメリカ・シカゴで少年法が誕生のときに、少なくない法律家が少年法に反対してその根拠として、デュープロセスを唱えていたことを思い出す。

## 4　そもそも少年に対して刑罰は有効なのか？

### (1)　刑罰は逆効果

刑罰を一言で言えば、人に苦痛を与え、あるいは、与えることを予告して犯罪を減少させようとするものである(少くとも伝統的にはそうであった)。しかし、それは、犯罪を犯そうとする人が、刑罰を受けるかもしれないがあえて犯罪という行動をとるのか、それともそれは自分に損だからやめておこうという、一種の損得勘定ができることが前提である。これまで、特に第1部で述べてきた少年たちが、そのような損得勘定をなしえた人たちとはとうてい思えない。

損得勘定ができる人であるならば、飲酒運転をして多額な罰金を払わされるなどの重罰を課されることがわかれば飲酒運転は控えるであろう。また、公害を出せば非常に厳しい刑罰、制裁が待っていることを知っている企業家であれば公害は出さないようにするであろう。少年たちは、そのような損得勘定ができないか、できたとしてもその勘定によっては自分を制御できない人たちではないのか。愛された感覚を持てないがゆえに、重大な非行をなす少年たちに愛される体験ではなく刑罰という苦痛を与えたとしても効果がないだけではなくむしろ逆効果である。

## (2) 〝厳しさ〟とは？

このように述べると、「それでは少年を甘やかしている」との批判があるだろう。少年に厳しく接することが必要な時はある。しかし、その〝厳しさ〟とは何なのだろうか。

それは、少年に苦痛を与えることではない。大人が、少年の立直りのため、再非行を防止するため、どれだけ必死であるか、その必死さが少年に伝わることが〝厳しさ〟である、と私は思う。私は、少年を殴ったことはないのはもちろんであるが、どなったり、叱りつけたりしたことも一度もない。それでも、「先生、怖い」と言われることがある。

ある少年が、バイトを始めたが、すぐにさぼりがちになった。私は、そのことを母親から聞くと、事務所に行く前の朝八時前に少年の家に行き、そして、いきなり少年の部屋に入り、「オーイ、大丈夫か、元気でやってるか」と言う。そんな朝早く、弁護士がやって来ると思っていない少年は、思わず、「先生、怖いわ」と言う。

また、第1部第1章「5 俺はお前と勝負している」〔→23頁〕で述べた少年がシンナーをまた始めているのではないかと心配になった私は、少年を呼び出し、食事をしながら、「元気でやってるか？」とだけ少年に聞いた。帰宅した少年は、母親に、「今日、先生と会ったが、今日の先生は怖かった。もう僕は先生に見はなされている」と述べた。その翌日、少年は逮捕された。

ある養護施設の施設長をしている女性から、次のような話を聞いた。

養護施設の中で暴れている少年がいた。職員ではどうしても抑えられない。そこで、施設長の先生が、その少年をなだめに行った。すると、先生は蹴とばされてしまった。さすがに、私でも少年に蹴られれば腹を立てたであろう。しかし、その先生は私にどう言ったか。「あの子は、なるべく私にあたらないように蹴ったんです」。少年には、実はこの先生が一番怖いのだ、と私は感じた。

少年をどうしても叱らなければならないことは起こりうるであろう。しかし、それは少年が叱る人を、自分を、「愛してくれている人」、「絶対に自分を見はなさない人」と思ってくれるような信頼関係があってはじめて効果がある。

第1部第1章「16〝だっこ〟の重要性」で、子どもを非行から救うためには親に愛されているという体験をさせることが必要だと述べたが〔↓64頁〕、『子どもと生きる・あまえ子育てのすすめ』には次のように述べられている。

「あまえを受け入れられている子どもは、ほんとうの自分（本音）をだしてのびのびとしています。一方あまえを受け入れてもらえない子どもは、お母さん、お父さんに気をつかって萎縮し、お母さん、お父さんの暗黙の期待に合わせてうその自分（建てまえ）で生きるようになります」

「頻発する凶悪な事件を引きおこした、ほとんどの少年、少女、それに二十代、三十代、四十代の人たちは暴言・暴力をともなう、しつけという名の親による力の支配のもとで育てられています」[33]

33　澤田敬『子どもと生きる・あまえ子育てのすすめ』（童話館出版、二〇一二年）五六～五七頁。

# 第4章 少年法「改正」の結果

## 1 刑事裁判化、厳罰化

### (1) 「改正」のまとめ

ここまで、少年法「改正」の経過を見てきたが、ここで、現在の少年法が、昭和二三年成立当時と較べてどのように変化してしまっているのかをまとめておく。

一番大きな変化は、「健全育成」の考え方が弱められ、保護処分より刑事処分を、という方向が強まり、しかも、処分内容も厳罰化の方向に向かっていることである。「改正」前の少年法では、一六歳未満(以下、年齢については特に明示しない限り行為時とする)の少年には刑罰が与えられることはなかった。ところが、二〇〇〇年の改正により、一四~一五歳の少年まで刑務所に収容することが可能になったのである。

あたかも、神戸連続児童殺傷事件を念頭においた改正のようである。運用の実際としては、現場裁判官の良識というべきか、一四〜一五歳で刑事処分となった少年は極めて少ないのが救いである。同年の改正では、一六歳以上の少年が一定の重大事犯(故意で被害者を死亡させた事件)について、裁判官は原則として検察官送致(刑事処分選択・逆送)しなければならなくなった。

改正前は、検察官が審判廷に現われることはなかった。しかし、改正後は一定の重大事件については、家裁が検察官を審判に出席させることができるようにし、審判の結果に検察官が不満を持てば高裁に抗告できる可能性が認められるようになった。

一方、検察官が審判に出席する場合、国選で付添人が選任されることになった。二〇〇七年の少年法改正、それに伴う少年院法改正によって一二〜一三歳、場合によっては、一二歳に満たなくても少年院送致が可能になった。

二〇一四年の改正後、検察官の関与する事件の範囲が、長期三年を越える懲役または禁錮の罪に拡大される(この「改正」に連動して、国選付添人が選任される事件の範囲も拡大した。しかし、私から見ると、表現が悪くて恐縮ではあるが、〝毒まんじゅう〟の「改正」であったように感じる)。

二〇二一年の改正では、一八歳以上の少年は「特定少年」とされ、短期一年以上の懲役または禁錮より重い罪を犯したときには、原則として逆送されることとなった（保護観察、罰金事件等についても改正がなされているが、刑事罰化、重罰化の点を焦点とするのでここでは割愛する）。

以上のとおりの結果を一言で言うと、パレンス・パトリエの後退、あるいは、法務省の「少年法改正に関する構想」の実現と言ってもよい。

## (2) 少年の刑事事件の実際

私は、裁判員制度導入後に少年刑事事件の弁護人となった経験はない。私の経験した第1部3章「タクシー運転手強殺事件―虐待のはて」〔↓123頁〕で述べた事件における刑事裁判官たちの対応は、まったく完全な成人の刑事事件と同一であった。

少年法五〇条は、「少年に対する刑事事件の審理は第九条の規定に従って、これを行わなければならない」としており、少年法九条は、事件の調査は、「なるべく、少年、保護者又は関係人の行状、経歴、素質、環境等について、医学、心理学、教育学、社会学その他の専門的智識特に少年鑑別所の鑑別の結果を活用して、これを行うように努めなければならない」としている。

ところが、その裁判官たちは、そのように努めた様子はまったくなく、情状資料とすべく心理的鑑定を申し立ててもあっさり拒否しただけでなく、私たち弁護人が「少年が小さいときから父親から激しい虐待を受けていた」と主張しても、それを虚偽の主張と決めつけた。

同僚の弁護士から少年事件の裁判員制度の様子を聞いてみても、基本的に私の経験とあまり違いはないようである。裁判官の物腰は外見的には丁寧であるようだが、少年保護事件の記録の取寄せや情状鑑定には消極的であるという。

また、調査報告書や鑑別所結果通知書を取り寄せてもらっても、弁護人が十分裁判員に説明する時間を与えられないと、裁判員がその資料の内容を十分理解できないとのことである。

このような状況から、少年の刑事事件は、なお重罰化が進んでいると感じる。少年法でせっかく目を開けた法の女神は再び目を閉じることとなった。

### (3) 「少年に愛を」のスローガンが消える

一九六〇年代の末頃に、東京家裁が鉄筋コンクリートのビルとして新築された。その玄関前には母子像があり、そこには、

「家庭に光を少年に愛を」

と書かれていたのを覚えている。

一九八〇年に、私が弁護士になった頃にはまだそれが残っていたと思う。ところがそのスローガンはいつのまにか、

「家庭に平和を少年に希望を」

に変ってしまった（なお、現在、東京家裁の母子像はひっそりと建物の中にあるが、スローガンは書かれていない）。スローガンがいつどのようにして変ったのか、関係各所に聞いてみたが、「わかりません」、または、「答えられません」という答えであった。裁判所が出している書面によると、意味は変わらないということであるが、それならわざわざ変える必要はないのではないか。

神戸家庭裁判所銅像

私は、現行少年法（アメリカ・シカゴで生まれた少年法も）は、少年に愛を与えようとする法律であると信じ続けてきたので、このスローガンの変更にはいささか不満である。

## 2 調査官の役割低下

### (1) 裁判官の補助者化

学生時代とあわせて約六〇年、家裁調査官と顔をあわせてきて感じることは、昔のようにプロ意識を持ち溌剌としている調査官が減った気がする。かつては、裁判官は法律的判断をし、自分たちは行動科学に基づいて判断するというプロ意識を持った調査官が多かった。しかし、現在では、裁判官の判断に沿うような報告書を書こうとする調査官が増えていると感じる。これは私一人の感じ方ではなく、退職した調査官の多くも似たような感想を持っておられるようである。

たとえば、第1部第3章「タクシー運転手強殺事件―虐待のはて―」〔↓123頁〕で述べたように、次のような報告書があった。刑事処分（逆送決定）が見込まれる事案である。

「少年に対して、保護処分での更生の可能性がないとは言えないが事案の重大さを考慮し刑事処分が相当である」

「事案の重大さ」は、裁判官がする法的判断であって、調査官がそのような判断をする必要はない。調査官は、内心保護処分も想定したのであろうが、検察官への逆送致決定をする裁判官の判断に沿ってこのような意見書を書いたのではなかろうか。

第1部第1章「18ある触法事件」で述べた中学一年生の女子の起こした強制わいせつ事件［↓68頁］も事案が重大なので、児童自立支援施設送致が見込まれる事件であった。私は何度か家庭を訪問し、弟や妹らの生活状況、養育状況を確認したところ、家庭的にはほとんど問題はなく、むしろ本人の稚さに起因する事件と考えた。ところが、審判前に調査官と面談すると、家庭に問題があるから施設送致だと調査官が主張した。私は、とにかく、家庭を訪問し、子どもたちの養育状況を確かめてほしいと言ったが、いっこうにその調査官は家庭を訪問しない。審判の日、その調査官は在廷していなかった。裁判官の判断は、「家庭にはあまり問題はないが、やったことがやったことなので、児童自立支援施設に送致します」と。この裁判官の処分決定の当否は別として、調査官の対応には納得がいかない。どうして、そのようなことになったのか。基本的には少年法「改正」の動きに最高裁が同調ないし沈黙するようになり、デュープロセスや検察官関与という声が現場からも強くなり、試験観察等の調査官によるケースワーク機能が軽視ないし、制限されるようになったことが原因と思う。

それに加えて、次項で述べる「法学部卒業者の採用」、「調査官研修所の廃止」が、調査官の役割低下、補助者化を促進したと考えられる。

## (2) 調査官の養成

いつ頃からか、はっきりはわからないが、一九八〇年代半ば以降から、調査官の採用が、心理学、教育学、社会学専攻の学生ではなく法学部出身の者が増えていくのである。少年法九条の「医学、心理学、教育学、社会学その他の専門的智識」を活用するという家庭裁判所のあり方が、調査官についていえば専門性が薄められることになったと思われる。採用試験の問題についても心理学、教育学、社会学からの出題は減っていると聞く。

ついに、二〇〇四年、調査官研修所が廃止された(もっとも、関係者は「廃止」ではなく「統合」

と言っている)。しかし、調査官のために独立の研修所が存在していたのに、他の一般職員(書記官、事務官)と同じ研修所になるということでは、やはり、その専門性、独立性が薄められることになるであろう。

## (3) 補導委託の死滅

一九七〇年代末頃からしだいに試験観察の期間を制限しようとする傾向が現れてくる。

「期間を明確にしないで少年の自由を制限するのは、人権問題である」

と言うのである。デュープロセスを主張して検察官関与を肯定する人たちに、その傾向が強かったと感じている。一九八〇年代に入ると、「試験観察は三カ月が原則」などと言う裁判官が増えていったと感じられる。その頃から、花輪次郎先生の補導委託も、一年もの長期になるようなものは問題とはなっていくが、〝花輪マジック〟に期待している裁判官は多く、花輪先生の仏教慈徳学園は満杯であった。

ところが、全国の補導委託の件数は急激に減少していった。しだいに、「試験観察期間は六カ月以内にしてほしい」との裁判官の要求も強くなっていく。しかし、その期間内に十分立ち直っていく少年もいれば、問題性が深く、六カ月で卒園させるのが無理な少年もいる。

花輪先生は、心労と過労から健康を害するようになっていく。一九八八年に、花輪次郎先生のご長男である花輪英三先生が、少年院の法務教官の職を辞し、次郎先生を援助するようになり、二〇〇一年から花輪英三先生が園長となり、奥様の香栄さんとともに、文字どおり家族ぐるみでの少年たちの育て直しをしていった。ところが、二〇〇〇年代に入ると、仏教慈徳学園の入園者数も減少していくようになる。在園する少年が数人ということになると、グループワークの手法も取りにくくなっていく。

二〇一〇年頃には、在園少年が二~三人という状態になっていく。私と元調査官の鶴岡健一氏は、ともに仏教慈徳学園の理事であったこともあり、二人で最高裁家庭局その他各所を訪ね、補導委託数の増加をしきりにお願いした。しかし、皆相談には乗ってくれるものの、全国の補導委託事件数が最盛期の四千人台から四〇分の一、三〇分の一に減少していたことから、仮に仏教慈徳学園のみが補導を委託されたとしても、期待されるような委託数の増加はもはや望みようもなかった。ついに、二〇一六年一月をもって、仏教慈徳学園の補導委託は休止されるに至った。[1]
以後、集団処遇の試験観察の補導委託施設は「皆無」となった。最近の若手弁護士には、補導委託の用語すら知らない人が多い。近時、家庭裁判所は、補導委託の有用性を唱えて、委託先を開拓しているというが、今さらという感じをぬぐえない。

1　仏教慈徳学園後援会『「意思」を磨く　仏教慈徳学園花輪次郎の生涯―非行が能力に変わる』（仏教慈徳学園後援会、二〇一六年）一二一～一三一頁、五七頁。

# 第5章
# 少年に対する厳罰論について

## 1　人々はなぜ、少年に厳罰を求めるのか

　ある時、ＮＨＫの番組で、長崎で原爆を投下した搭乗員たちの話が伝えられた。その搭乗員らはテニヤン島で暮らしていた。そこには民間人捕虜が収監されており、日本人の子どもも多くいた。その子どもたちとアメリカの搭乗員たちが仲良く遊んでいる光景があった。それを見ていた私は、ユダヤ人絶滅計画を進めていたナチスが、いかにユダヤ人を温かく、手厚く保護しているかを宣伝するインチキ映画を作成していたことを思い出した。しかし、私の見るところ、アメリカ兵の仕草はとてもやらせには見えなかった。搭乗員らは日本人の子どもを本当に可愛いと思っているように見えたのだ。

　そこで、私は考え込んだ。日本人の子どもを可愛いと思える人たちが何百、何千という罪の無い子どもを一発の爆弾で殺すことなどなぜできるのだろうか。その米兵たちが、

「目の前にいる日本人捕虜の子どもたちを皆殺しにしろ」と命令されたとして殺せたであろうか。それはなかなかできないのではなかろうか。

次に、毎日放送の番組では、ドローンを操縦して爆弾を落としているウクライナ兵の話を聞いた。彼は、「ただ無心にドローンを操縦しているだけ」と述べている。

これらから私が考えた結論は、目に見えて、よくわかっている人間の命を奪うのは難しいということである。

もし、自分の落とした原子爆弾で、自分の知っている子どもが黒焦げになったり、自分の知っている友人が自分の落とした爆弾でバラバラに吹き飛ばされたりすることを想定したら、とうてい爆弾のスイッチを押すことはできないのではないか。

一般の人々にとっては、非行少年は身近に感じられない、遠くにいる人であり、むしろ恐怖であろう。

マスコミ報道も、凶悪事件が発生したときに、どんなひどい被害が発生し、被害者や遺族がどんなに苦しんでいるかは多く報道するが、犯人がどのような少年で、どのように育ったのかについてはあまり報道しない。したがって、一般の人にはその少年自身が、精神的・身体的にいかに虐待されて、その成長が妨げられてきたのか、そのような事件を起こしながらも、その少年にはいまだに成長の可能性があることなどは理解されていないのではないか。

身近に非行少年がいる人の方が少ないと思われるから、世の中の大部分の人は非行少年とは得体のわからぬ恐怖の存在と感じ、まして凶悪な事件の犯人となれば、敵意を感じてしまうのではなかろうか。

## 2 被害者救済について

### (1) 被害者、加害者バランス論

パレンス・パトリエなどと主張していると、それでは被害者、遺族があまりに気の毒で、加害者を不当に保護してバランスを欠くという批判がある。しかし、そもそも被害者救済の問題を加害者とのバランンス論で考えることが正しいのであろうか。

たしかに、被害者の権利の回復はこれまで非常に困難なことが多く、それは私自身、体験した事実である。

また、被害者、遺族が加害者に対し、怒りを持つことは自然であり、その感情は尊重されるべきである。しかし、その怒りをそのまま制度として実現しようとすれば昔の〝かたき打ち〟の制度に戻ってしまう。そもそも、犯罪被害の救済を加害者と被害者との関係のみで求めるのは結果として非常に不十分な救済で終わってしまうのではないか。

犯罪対策は根本的には国の責任であり、安全安心な街作りということは、地方自治体の責任でもある。国や地方自治体がもっと被害者の救済を本格的に行うことが重要であり、その方がより早く、より確実に犯罪被害者、遺族の救済がなされるのではなかろうか。

被害者の救済が不十分であるから加害者の権利を奪い、苦しみを与えるという発想は結果的には、どちらの権利の保障も実現しないという方向に結びつき、被害者の権利も十分に保障できないことになろう。

## (2) 被害者救済の困難さ

あまり弁護士の業務をご存知ない方は、弁護士は加害者のみを弁護していると思われることがある。もちろん現実はそうではなく、被害者、遺族の救済を中心に仕事をしている弁護士もいれば、私のように、被害者側の代理人にもなり、加害者側の弁護人、付添人にもなるという弁護士も多いのである。

その一例を挙げよう。

ある時、四月の初めであったが神戸市内の丘陵地帯に住む小学校一年生（X君という）が溜池で死体となって発見された。その場には小学校四年生の男児児童（仮にCという）がいた。Cの説明によれば、X君は、泳いでみると言って全裸になり、水に入り、そのまま見えなくなってしまったという。

X君はまったく泳げず、その溜池は数メートルの深さがあり、当時の水温は一〇度にも満たなかった。そのような時に、X君が泳ごうとするであろうか。また、小学校一年生と幼い子であっても、他人の前で全裸になることがあるであろうか。

しかし、警察の発表は、X君が泳いでみると言って水に入り溺れたというものであり事件性はないというものであった。

X君の両親が、周囲の住民から聴取りを進めるうちに次の事実がわかった。

Cはその事件の前日、他の子に対し、その子の靴を脱がせ、それを池に放り込み取ってこいと命じた。命じられた子は嫌々水に入ったが怖くなって、ズブ濡れのまま泣いて家に帰った。

はたして、X君の死体が発見された溜池でX君の靴が発見された。前日に池に入った子の親はテレビ局のインタビューにも応じ、Cの前日の行動について述べた。しかし、警察は、先に行った発表が正しいとし、遺族の訴えを無視して捜査は行わなかった。

私は遺族の代理人として、Cの両親に損害賠償請求を行い、一審二審と続けて勝訴判決を得て、それは確定した。しかし、警察は頑として捜査を行わなかった。不思議なことに、犯罪被害者対策の係という警察職員から私に電話があり、「何かお役に立つことはありませんか」という話があった。

Cの両親は極貧の状態であったので、X君の両親は勝訴判決を得てもほとんど賠償金を得ることができなかった。その当時の犯罪被害者補償法では、死亡した子どもの両親に対しては三百万円の補償がなされるということであったので、私は県公安委員会に対して、その三百万円の補償の決定を求めた。

公安員会は、その請求を棄却した。私は、その棄却決定の取消しを求めて、地裁に提訴した。その法廷には常時一〇数人もの県の職員が代理人として出廷した。あまりの異様さに、裁判長が注意を促したほどであった。

一審では、私、X君側が勝訴した。ところが公安委員会側は控訴し、高裁は何の証拠調べも、釈明もせず、第一回期日に即時に結審した。

私は勝利を信じたが、結果は逆転敗訴であった。最高裁に上告したがまったく相手にされず、まさに三下り半の、上告理由に当たらずという判決であった。結局、X君の遺族は経済的には何ら報われることなく終わった。

また、多くのいじめ自死事件では、仮にいじめの事実は認められても、いじめにより自死したということまでは立証できず、わずかな賠償しか受けられないことがあった。また、いじめの具体的事実を一つひとつは立証できず、まったく賠償を受けられなかったこともあった。

いじめ予防法が成立する頃に、いわゆる第三者委員会が設置されるようになり、いくぶん、いじめの事実の立証が可能となってきたが、それ以前では、ほとんどの事件はまったく手の打ちようもなく、諦めざるをえなかった。

## (3) 〝真のいやし〟とは？

遺族が、加害者に対して厳罰を求めるのも自然なことである。しかし、加害者が厳罰に処せられたとしても、それだけで遺族が心の平安を得ることはできまい。残虐に殺害され

た被害者の遺族が死刑を望み、死刑判決が下されたときに、それらの遺族は一様に、

「死刑は当然だが、自分の気持ちは事件当時から変わっていない。死刑は一つの区切りに過ぎない」

と言っている。

〝真のいやし〟とは、第1部第1章「10 二〇年償い続けた少年」で述べたように〔↓42頁〕、加害者が真に反省し、長期間償いを続け、それを被害者、遺族が確認して、初めて期待できるのではなかろうか。

私が、拙著『歌を忘れたカナリヤたち』で紹介した事例は、傷害致死の罪を犯した少年が一〇年にわたり毎月示談金を支払い続け、賠償金を完済した事例である。

その時の遺族からの手紙を再掲させていただきたい。

「拝啓

皆様、お元気でしょうか。暑い真夏も遠ざかり、本当に良い日射しが、心地よく感

じます。皆様には大変長く、御無沙汰致しております。

文書を、どうお書きしたら良いかわかりませんが、この永きにわたり、色々な方々に、お世話に成り、又、ご迷惑を、おかけ致し、大変、心苦しく思いますが。

さて、この度、十数年に渡り入金された年月、苦しかった長い日々、決して忘れなかった御努力に感謝申し上げます。

Yさん、どうも長い間、ご苦労様。

有難う御座居ました。お二人のお子様もずい分大きくなられたでしょうね。

野口弁護士さん、本当に永い間お世話に成りました。

平成一七年八月三〇日をもって、入金完了。

右、お知らせ致します。ごめん下さいませ[1]」

1 野口善國『歌を忘れたカナリヤたち』（共同通信社、二〇〇五年）二一〇～二一一頁。

# 第6章 少年法に未来はあるか

## 1 少年非行は減少

一般の大学生に向けた講演の際、参加した学生に、「犯罪や少年事件は増加しているのか、それとも減少しているのか」と問うてみると、多くの場合、「増加している」と答える人が最も多く、その次は、「あまり変わらない」と答える人であり、「減少している」と答える人はむしろ少なかった。

たしかに、動機が明確である残虐な事件や闇バイト事件などの報道は多くなされており、人々の不安感が強まっていることは事実である。しかし、犯罪白書の統計を見れば、最近の一〜二年は、若干少年非行の増加はあろうが、大きな流れとしては少年非行は非常に減少している。

刑法犯、危険運転致死傷、過失運転致死傷などの検挙人員人口比を見ると、少年の検挙人員、その人口比はともに昭和五五～六〇年前後、平成一〇～一五年前後に大きな山があり、その後、しだいに減少を続け、令和一年頃からは人員数で最高時の一割をはるかに下まわり、人口比でも一割強という状況である。[1] 殺人事件の検挙人員も、昭和四〇代前半(一九七〇年)頃までは、二百人～四百人台となっていたが、昭和五〇(一九七五)年以降は、百人を割っており、令和五年の検挙人員は五五人である、少年による凶悪事件が増加しているとは決して言えない。[2]

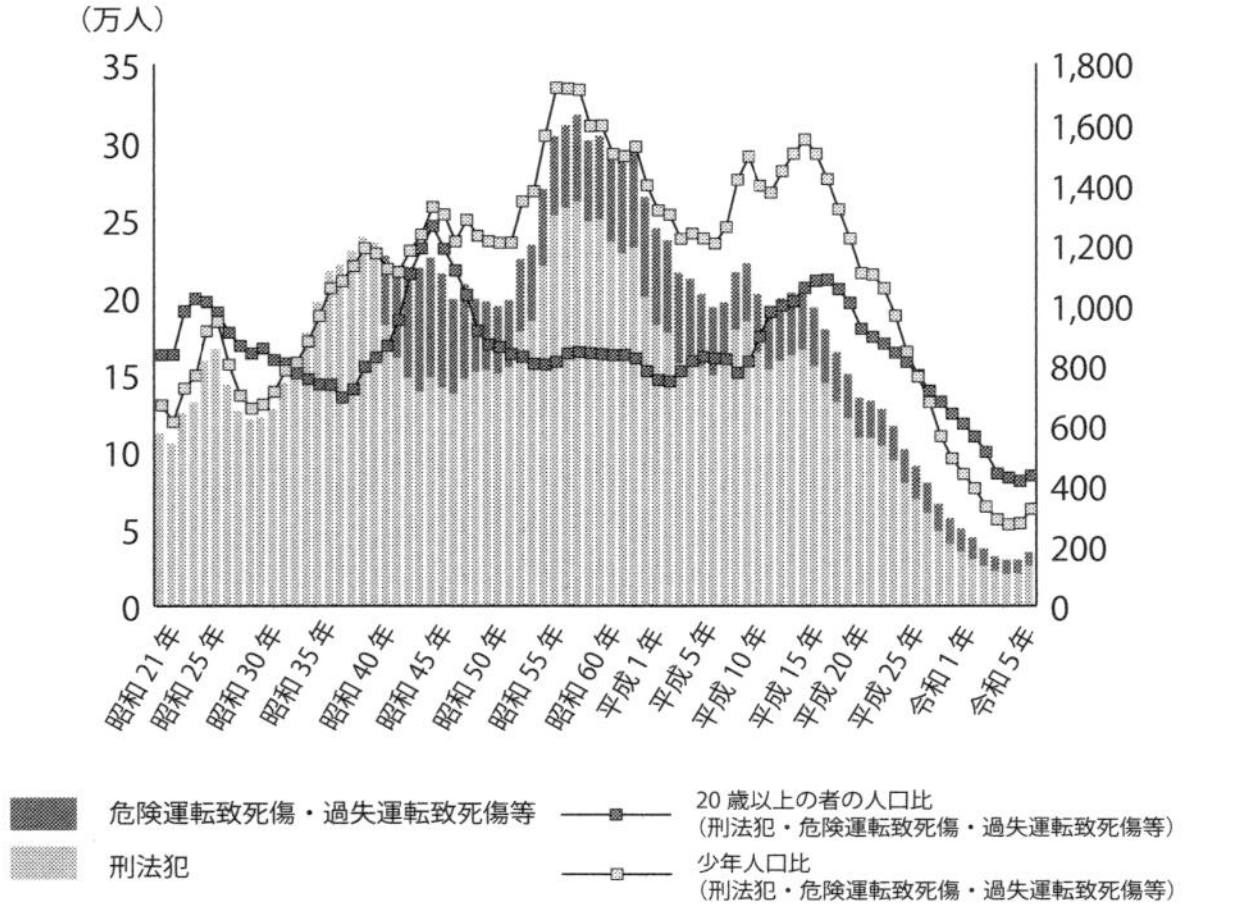


※法務省法務総合研究所編『令和6年版　犯罪白書』113頁3-1-1-1図「①刑法犯・危　険運転　致死傷・過失運転致死傷等」をもとに作成。

1 法務省法務総合研究所編『令和六年版　犯罪白書』一一五頁。
2 前掲註1白書一一八頁。

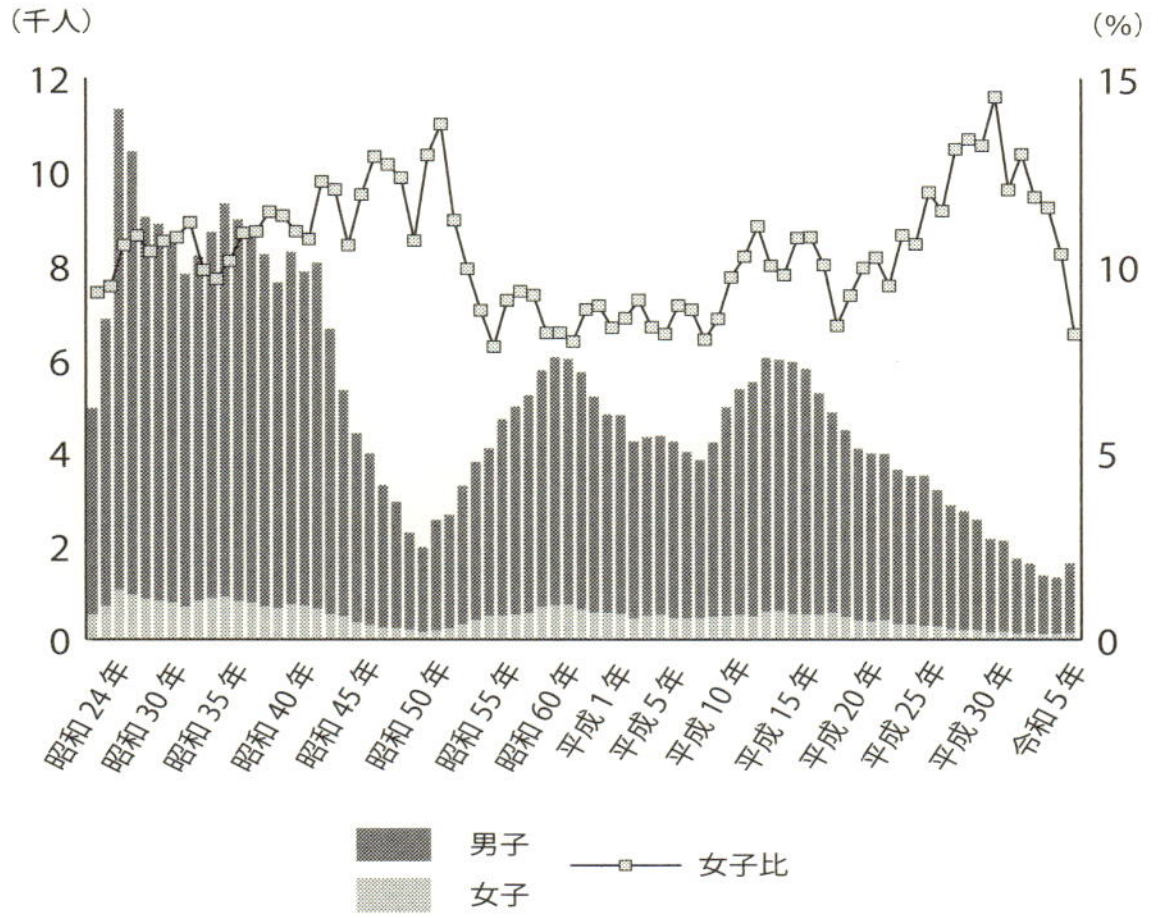


※法務省法務総合研究所編『令和6年版　犯罪白書』144頁3-2-4-1図「少年院入院者の人員（男女別）・女子比の推移」をもとに作成。

（令和4年）

| 罪名 | 総数 | 男子 | 女子 | 女子比 | 少年比 |
|---|---|---|---|---|---|
| 総数 | 29,656（100） | 22,362 | 4,294 | 16.1 | 14.0 |
| 殺人 | 52（0.2） | 34 | 18 | 34.6 | 6.4 |
| 強盗 | 344（1.3） | 319 | 25 | 7.3 | 21.4 |
| 放火 | 80（0.3） | 57 | 23 | 28.8 | 13.1 |
| 不同意性交等 | 216（0.8） | 215 | 1 | 0.5 | 11.4 |
| 暴行 | 1,694（6.4） | 1,524 | 170 | 10.0 | 6.5 |
| 傷害 | 2,573（9.7） | 2,328 | 245 | 9.5 | 12.6 |
| 恐喝 | 459（1.7） | 407 | 52 | 11.3 | 32.7 |
| 窃盗 | 14,159（53.1） | 11,184 | 2,975 | 21.0 | 15.8 |
| 詐欺 | 884（3.3） | 679 | 205 | 23.2 | 9.0 |
| 横領 | 1,697（6.4） | 1,536 | 161 | 9.5 | 16.5 |
| 遺失物等横領 | 1,671（6.3） | 1,518 | 153 | 9.2 | 18.3 |
| 強制わせつ | 531（2.0） | 523 | 8 | 1.5 | 13.4 |
| 住居侵入 | 1,094（4.1） | 1,008 | 86 | 7.9 | 29.1 |
| 器物損壊 | 1,063（4.0） | 952 | 111 | 10.4 | 20.4 |
| その他 | 1,810（6.8） | 1,596 | 214 | 11.8 | 12.1 |

※（　）内は構成比

※法務省法務総合研究所編『令和6年版　犯罪白書』118頁3-1-1-6表「少年による刑法犯検挙人員・少年比（罪名別・男女別）」をもとに作成。

少年院在院者の人数をみれば、第二次世界大戦の余波のあった昭和二六年頃に初めの山があり、これがピークであるが、ベビーブームといわれる世代が少年時代を迎えた昭和四〇年頃に次の山があり、昭和六〇年、平成一二年頃にもかなりの増加がみられたが、令和一年頃からは最大のピーク時の一割強に留まっている。平成一二年前後の山からみても三割程度にとどまっている。[3]

これは、少年院での処遇効果が上がっていることも一因となっているといえよう（もっとも、学校におけるいじめは犯罪行為といえるものも多いが、これらは事件化されていないことが多いので、これらの統計が現状をどこまで正確に反映しているかは注意すべきである）。いずれにしても、少年非行の増加を厳罰化の理由とすることができないのは、明らかである。

## 2　熱意ある調査官、裁判官

これまで裁判官の補助者に過ぎなくなってしまった調査官や健全育成（パレンス・パトリエ）に理解のない裁判官について述べてきたが、まだまだ熱意ある調査官や裁判官に出会うことも多い。

第1部第1章「9 この子は絶対逃げますよ」で述べたように〔↓38頁〕、成功がとてもおぼつかない少年にも立直りのチャンスを与えようとして試験観察の意見書を書いてくれた調査官、同部同章「20 一番手のかかった少女」で述べたように〔↓77頁〕、鑑別所を出て一カ月もたたないうちに再非行をしてしまった少年を何とか助けようと、私に付添人を頼んだ後、自分でも遠方にいる少年の兄が引受先にならないかと足を運び、少年のためにパレンス・パトリエを実現しようとしてくれた調査官もいる。

大阪や神戸の家裁では、調査官が主体となって、少年をキャンプに連れていく活動をしていた。少年の健全育成に熱心な裁判官が着任したときは、調査官も少年のために熱心に活動しているとの印象を受ける。

大学生の盗撮事件を担当した裁判官は、かつての職場(裁判所ではない)で上司が事件を起した経験を話してくれ、「どんな人でも失敗はありうるので、人生を諦めずに、頑張りなさい」と丁寧に少年に話しかけてくださった。少年の母親も立派な裁判官にめぐりあって良かったと涙ぐんで、喜んでいた。

3 前掲註1白書一四六頁。

私が担当した事件ではないが、「季刊刑事弁護」七一号（二〇一二年）九八頁に興味深い事例が紹介れている。[4]

二〇一〇年六月に一七歳の少年が実父にゴミ袋をかぶせガムテープで止めて殺害する事件が発生した。少年は父親に頼まれたと説明していた。少年は父親に頼まれたと説明していた。付添人団の活躍もめざましいものがあったと思われるが、家裁は、異例とも言える一〇カ月以上という長期の試験観察を行い、一週間という短期間ではあるが補導委託を行った。最終審判は保護観察であった。家裁の熱意が伝わってくる事例である。

多数派とは言えないが、少年の健全育成をめざして、パレンス・パトリエを実現しようとしている調査官や裁判官も少からずおられる。私たちはこれらの人たちが世論から孤立しないように発言を続けなければならない。

## 3　付添人を志望する弁護士の増加

私が弁護士になった一九八〇年頃には、弁護士が付添人になるということは極めて珍しかった。一九九〇年代に、全国の弁護士が集まって付添人としての経験を交流し、一緒に学ぼうという集まりを始めたが、集まる弁護士は、五〇人程度であった。ところが、最近は、二百人を超える弁護士が集まるようになった。かつては、付添人になる弁護士のなり手がいなくて、引き受けてくれる弁護士のところには多くの事件が集中していた。最近は、被疑者国選弁護人の制度が導入され、その弁護人がそのまま付添人になるケースが多くなったこと、少年事件の件数が減ったことなどもあり、私が受任する件数もここ数年は、年に二〜三件にしかならない。いわゆる付添人となる弁護士のすそ野が大きく広がっていることは、弁護士の付添人としての能力の向上を基礎づけている。

## 4　少年法「改正」問題から子どもの権利へ

私が弁護士になった当時、少年法、少年事件に関する問題を議論するのは少年法「改正」問題委員会のみであった。その後、いったん少年法「改正」問題が鎮静化してきたこともあり、同委員会は「少年問題対策委員会」として組織されるようになった。

4　斉藤豊治「付添人レポート　『原則』逆送類型事件で、『特段の事情』を認めて、保護観察処分とした事例」季刊刑事弁護七一号（二〇一二年）九八頁。

弁護士会の活動が単に少年法「改正」問題にとどまらず、少年の問題全般に広がったのである。その後、子どもの権利条約の成立などが刺激となって、子どもを権利行使の主体としてとらえ、その子どもの権利全般につき議論がなされるようになり、「子どもの権利委員会」の名称が使用されるようになった。

さらに近年、兵庫県弁護士会などで、「寄り添い弁護士」制度と呼ばれるものが作られるようになった。付添人として活動しても、通常は審判が終われば任務は終了である。しかし、それだけでは少年が、自力、あるいは家族の援助のみで立ち直ることは困難なケースも多い。このような場合に審判終了後も、パレンス・パトリエを実現するべく弁護士が活動を続ける制度が「寄り添い弁護士」制度である。必ずしも自分が付添人となった事件でなくとも、審判後、あるいは少年院仮退院時などに少年を援助する場合もこの制度が適用される。弁護士会が弁護士費用を負担しており、国の制度として正式に認められているものではないが、パレンス・パトリエを底辺から支えるものと期待される。

## 5　子どもを守る草の根の活動の広がり

子どもの貧困が重大な社会問題化するに従い、各地で無数の「子ども食堂」が善意の人々によって開設されるようになった。子ども食堂は、単に子どもに食事を提供するだけでなく、子どもの居場所を作り、孤立している親の相談窓口にもなっている。これはアメリカ・シカゴにおいてルーシー・フラワーたちがセツルメント活動を行い、貧困にある子どもたちを救おうとしたことを思い出させる。

養護施設に収容されている子どもを対象としてその子どもの意見を聴取し、処遇に反映させようとするアドバケイトと称する活動も弁護士会を中心に全国に広がっている。明石市では、一小学校区に里親(日数を限定するものも含む)を二人ずつ確保する運動を行っていて、多くの市民がこれに協力している。

このような子どもを守る草の根の活動は、根底において、子どもに愛情を注ぐというパレンス・パトリエの思想と共通している。

## 6　改善、更生に協力する人々

### (1)　保護司の役割

罪を犯した人々を、社会内において援助する民間篤志家は保護司である。戦前は保護司(少年保護司)は、思想犯を監視し、善導する役割を持っていたようであるが、戦後の更生保護制度では社会内において犯罪を犯した人々を援助する役割を与えられている。

いわば無給の、パートタイマー的観察官(Probation Officer)といってもよい。このような制度は世界的にはまれなものであり、制度設立当初は正規の保護観察官の不足を補うものと考えられたかもしれないが、現在では有用な制度として他の国にも評価されつつある。

現在、高齢化や志望者減少で定員割れも生じているが、約五万人の民間人が、保護司を務めている。私も四〇年ほど保護司として働いて四～五〇人の少年と接してきたと思われるが、なかなか奥が深いやりがいのある仕事である。多くの人々が審判で保護観察となった少年や仮退院となった少年の保護観察を担当している保護司として愛情を持って少年に接しておられるのを、私は身近に見てきた。

## (2) 篤志面接委員の仕事

保護司とは異なり、施設内において面接活動を主として、収容者の改善、更生を援助するのが篤志面接委員である。私は拘置所において四〇年近く、この面接活動を続けてきた。保護司のように法律に規定はなく、一般に知名度はかなり低いが重要な活動である。

面接委員と言っても、単なる面談ではなく、芸術活動をともに行ったり、生活に役立つ知識や技術を教えたり、カウンセリング的手法を持ちいて収容者の悩みを聞いたり、グループワーク的活動を企画、実施したりするなど、その活動は極めて多彩である。

ちなみに、私の所属している神戸拘置所の委員七名のうち四名は家裁の元調査官、二名が弁護士で残り一名は書道の先生である。

パレンス・パトリエを身をもって体現している家裁の裁判官を、主人公にした有名な『家栽の人』の作家である毛利甚八氏は生前は少年院の篤志面接委員であられた。私は、これらの民間協力者の多くは刑罰主義者ではなく、根底にパレンス・パトリエに共通する理想を持っている人々と体感している。

## 7 児童福祉法改正

近時、児童福祉法改正がたびたび行われている。

子どもの相対的貧困率は国民生活基礎調査によれば、ここ一〇年以上、一〇%をはるかに上回っている。[5] 前述した第1部第1章「11 妊娠七カ月でネットカフェ暮らし」〔↓46頁〕でドッグフードを食べて生き残っていた少女、同部同章「19 一カ月二万円で暮らしている子」〔↓75頁〕で一カ月二万円で暮らしている少女は、この調査に現われていたのであろうか。

二〇二二年の児童虐待の児童相談所対応件数は約二二万件で、一九九九年の約一九倍となっている。[6] また、子どもの生命等に重大な被害が生じた疑いのあるいじめ、長期間欠席を余儀なくされているいじめをあわせた重大事態発生件数は、二〇二二年で九百件以上であり、二〇一三年度の五倍以上となっている。[7] 一〇代の子どもの自殺は、死因の最多を占めており、一五歳以上の死因の半数は自殺である。

このような状況に対処するために、特に二〇一六年から二〇一九年まで三回もの児童福祉法改正がなされた。最大の特長は、国連の子どもの権利条約が子どもの主体性の尊重を取り入れたことである。また、児童相談所の権限強化や体罰禁止が盛りこまれた。しかし、結局のところ、以上の法改正だけでは不十分ということで、こども基本法制定、こども家庭庁創設へと進んでいく。

これらの動きは、第一に、子どもへ愛情を与えるというパレンス・パトリエの精神に通ずるものであると同時に、その愛情とは保護（「見てて」）だけでなく、自立（「自分で」）をも意味することを明らかにしたものであり、第二に、かつてアメリカのシカゴにおいてルーシー・フラワーに代表される「革新主義」の女性たちが危機意識を持ったことと類似した、子どもたちの置かれた危険な状況が、今も出現していることを意味していると私は考える。

## 8　こども家庭庁の誕生

二〇二三年、こども基本法が成立し、それはほぼ子どもの権利条約の内容を取り込んだ

5　こども家庭庁『令和六年版　こども白書』五頁。
6　前掲註5白書七頁。
7　前掲註5白書八頁。

うえ、少子化対策、子どもの貧困解消策をも盛り込んだものである。同法三条五号には、「家庭での養育が困難なこどもにはできる限り家庭と同様の養育環境を確保する」とあり、根本において、パレンス・パトリエと通じるものがある。

この法律を実施する中心の機関としてこども家庭庁が設立された。そして、政府は「こどもまんなか」をスローガンに掲げている。

実際に、どれだけの予算的な裏付けがなされるのか、不安はあるものの、私はアメリカ・シカゴに少年法が誕生した後の、一九二一年に主として、「改革主義」の女性たちの努力により、合衆国連邦労働省に少年局が設置されたことを想起する。やはり、「こどもまんなか」という考えは、パレンス・パトリエ思想の中核といえると私は信じたい。

## 9 刑法改正

二〇二二年刑法、刑事施設法が改正され、懲役刑と禁錮刑という制度は、「拘禁刑」に一本化された。

懲役は、「こらしめ、働かせる」という意味であったが、改正後は罰する、苦痛を与えるという意味の刑ではなく改善更生のための刑に変わった（刑法一二条）。このことは刑の目的が罰よりも教育という方向へ大きく前進したことを意味する。これは厳罰論とは逆の方向を向いているものであって、パレンス・パトリエにも馴染みやすい概念である。

それだけではなく、近時の刑事施設の処遇は（少なくとも表面的には）大きく変化しつつある。

それは、収容者の高齢化や発達障害などを抱える障害者の増加などから福祉的な要素も取り入れざるをえないこと、社会復帰を円滑にするには釈放前から求職活動などを支援する必要がありハローワークとの連携などの社会福祉的活動が必要になっていることである。

矯正施設は教育刑的に変化するにとどまらず福祉的活動も行うように変化しつつあると考える。施設収容者を呼ぶときは、「さん」をつけて呼ぶということが行われつつあるが、これは福祉的活動ということを念頭におくと理解しやすい。また、刑務所の処遇を少年院の処遇に切り替えるという動きもみられる。女子収容者に化粧の仕方を教えたり、アロマセラピーのようなものを実施したりしている施設も出始めている。

このような動きは、厳罰主義より、教育・福祉の思想が収容者の改善更生に役立つという事実の反映である。パレンス・パトリエの思想になじむ矯正行政の変化である。

もっとも、刑務所が福祉機能を果たすことは好ましいが、だからといって少年を刑務所に収容することを肯定するわけにはいかない。

## 10 パレンス・パトリエの再生

### (1) パレンス・パトリエが求められる社会状況

日本でもますます子どもへの虐待が深刻化し、子どもの貧困も大きな社会問題となっている。いじめが原因と思われる子どもの自殺があとをたたず、いじめが原因と思われる不登校も増加している。いわゆる機能不全となっている家庭は多いと言われている。

そのような状況で、国や自治体が家庭を援助し、場合によっては国や自治体が親を援助し、必要な時には親に代わって子どもを保護、育成する必要性が増大していることは明らかである。近時のあいつぐ児童福祉法の改正やこども家庭庁の誕生からもそのことはうかがわれる。

一方、少年法の定める保護処分も少年の自由を制限する機能もあることから、少年の処遇決定においてもデュープロセス（適正手続）が尊重されなければならないことは、現在の日本の司法においても通説的な認識となっている。また、わが国が遅ればせながら批准した子どもの（公的には「児童の」）権利条約における子どもの自己決定権という思想も実務において定着しつつある。

以上のように考えると、パレンス・パトリエとデュープロセス、子どもの自己決定権はいずれも尊重されるべきものであって、それは可能と考える。

森田明『未成年者保護法と現代社会―保護と自律のあいだ』は、子どもの人権を、「保護教育を受ける権利・法的地位」と「狭義の子どもの人権（子どもの自律と自己決定）」の二つの類型に整理している。[8]

そして、同書は「パレンス・パトリエの復権」として、米国の一九八四年の「シャル判決」を引用している。[9] また、同書は、むすびとして昭和五三年の、いわゆる「流山中央高校事件」最高裁決定の団藤裁判官の補足意見を引用したうえで、

8　森田明『未成年者保護法と現代社会―保護と自律のあいだ』（有斐閣、一九九九年）三頁。
9　森田・前掲註8書六三頁。

「『保護』〔パレンス・パトリエの思想と言って良いであろう――筆者森田注〕と『人権』〔デュープロセスと子どもの権利条約の柱の一つである子どもの自己決定権と言って良いであろう――筆者森田注〕は二律背反ではなく『健全な育成』というソフトなパターナリズム理念に内在する相補的な位置関係」

と述べている。[10]

団藤補足意見は、人権（デュープロセス）への配慮と裁判所の「裁量」の羈束性の要請は、「ひとり適正手続条項からだけのものではなく、実に法（少年法）一条の宣明する少年法の基本理念から発するものである」としている。要するに、デュープロセスや少年の自己決定権を尊重しながらパレンス・パトリエの実現をすることは可能であり、そうせねばならないということである。

三淵嘉子氏（前横浜家庭裁判所長――当時）は、「人権擁護の形式面に心を奪われると少年の保護教育の面が疎かになり、少年の保護教育に心を奪われてしまうと少年の人権を侵すことになり」「人権についての基本感覚を踏まえた上で融通無碍な処遇をする」[11]と述べられるが、これも似たような趣旨であろう。

あまりに卑近な例で不正確との批判は受けると思われるが、前述した「自分で」と「見て」〔→145頁〕の例をあげて考える。

子どもが一人で食事をするのを優しく見守るのは保護であり、子どもにスプーンを持たせるのは参加（自立）である。もともと、子育てとはこの保護と自立が二つの柱である。どちらかが他方を否定するものではない。子どもを叱るにしても、事情も聞かずに叱れば、場合によればうらみこそ残っても、教育的効果はあまりない。

保護処分も、少年の言い分もよく聞き、正しい手続を踏んで行わなければ審判の感銘力もなく、保護処分の効果もあまりあがらない。

いわゆるパターナリズム（「お前のために良いことをしてやっているのだから、黙って従え」と細部にわたって指導をする考え）は否定すべきであるとしても、デュープロセスや子どもの自立（自律）を尊重しながらも、国や自治体が必要に応じて親を援助し、やむをえない時は親の代わりをする新しいパレンス・パトリエの思想はむしろ発展させるべきものと考える。

言うまでもないことだが、そのことは親を責めることではなく、親を励まし、勇気づけ

10　森田・前掲註8書二六九頁。
11　三淵嘉子「少年審判における裁判官の役割」別冊判例タイムズ六号（一九七九年）一七頁。

ることが中心の活動でなければならない。

## (2) ダイバージョンとパレンス・パトリエ

パレンス・パトリエと同様な機能を持ちうる可能性としてダイバージョンの理論がある、ダイバージョンとは「本来の手続」(たとえば、刑事訴訟手続やそれによる身体拘束)から早く解放するというものと言われている。[12] ダイバージョンは、少年の身柄を早く解放する、不必要な罰を与えないなどの観点で考えると、子どもに罰でなく愛情を与えるというパレンス・パトリエ思想と同じ方向を向いている面もある。

しかし、パレンス・パトリエは少年に対する処遇は本来が罰ではなく愛情をという考えに基づいているが、法務省の少年法「改正」論者が主張していたダイバージョンとは、本来のもの、刑事訴訟手続は別に確固として存在しているとして、それからはずれさせるという考えなのであって、本来のものは罰であるという思想がある。[13]

彼らの言うところのダイバージョンというものは、全件送致主義を制限し家裁先議の範囲を弱めるものとして主張されており、パレンス・パトリエ本体の思想をむしろ弱体化させるものである。[14] ダイバージョンという耳ざわりの良い表現だけで制度の効用を判断してはならないと考える。

## 11 子どもが幸せな社会とは?

私はこれまで、パレンス・パトリエ(子どもを罰するのではなく愛することによって健全育成を行う)を強く主張してきた。要するに、子どもが愛される社会を求めてきたのである。経済的に富んでいる社会が必ずしも子どもに幸せな社会でないことは誰しも気づいておられると思うが、貧困や飢えにあえいでいる社会で、子どもだけが幸せでいられるはずがない。人種差別や外国人差別が行われている社会で、子どもがのびのびと、歪まずに育つはずがない。

12 武内謙治『少年法講義』(日本評論社、二〇一五年)五四頁表一、五六頁、守屋克彦=斉藤豊治編集代表『コンメンタール少年法』(現代人文社、二〇一二年)二三九頁ほか。

13 斉藤豊治「少年司法の歴史とサイクル」岡本勝=小田中聰樹ほか編著『刑事法学の現代的課題—阿部純二先生古稀祝賀論文集』(第一法規、二〇〇四年)三九九頁は、一九七〇年代で米国で強調された少年司法手続からのダイバージョンが紹介されており、武内・前掲註12書五四、五六頁では、子どもの権利条約等でのダイバージョンが紹介されている。以上は法務省側が主張しいてる、全件送致主義を制限するという方向とは別のものである。

14 武内・前掲註12書二〇〇頁。

子どもに対する最大の人権侵害は戦争である。戦争は子どもの命も、家族の命も、住居も食糧も精神の安定も、すべてのものを奪っていく。子どもは戦争を始められないし、子どもは戦争を止められない。しかし、戦争で最も被害を受けるのは子どもである。

いったい世界でどれだけの戦争が起きているのであろうか。考えるだけで憂鬱になるが、今でも、多くの子どもの命、子どもの両親、家族の命が奪われ続けている現在、戦争という現実に目を背けて、子どもの幸せを説いても虚しい気持ちになる。

子どもを愛し、守ろうとする者は誰しも平和主義者にならざるをえない。

COLUMN

# 儲からなくてもやりたいこと

## ――O事務員から見た野口弁護士の活動

私が野口法律事務所に入所したのは今から約三五年前です。当時は弁護士が野口一人で、二人の事務員がいましたが、そのうちの女性一人が結婚退職することになったので、その人と交代する形で入りました。私は新卒だったこともあり、野口の存在はまったく知らず、偶然、この事務所に就職しました。野口はまだ四五歳と若くて、今と比べるともう少し怖かったように思います。でも、スイッチが切れると「仕事嫌だぁー」と言って事務所のソファでゴロゴロすることもあって、当時から人間味のある人でした。今ではすっかり角が取れて丸くなりました。頑固なところは変わらないですけどね。野口は事務所の代表弁護士ですが、偉そうなところはまったくなく、事務局と机を並べて、時々事務局に怒られながら仕事をしています。

私が入所した当時から、少年事件は多かったと思います。子どもの権利委員会にも所属していて、熱心に活動していました。委員会で劇を作って弁護士が演じており、野口はその劇の脚本を書いたこともありました。

事務所に少年が来ることも多かったです。野口は少年と接するとき、弁護士オーラは一切出さず、親しげな雰囲気を作っていました。少年に勉強を教えたり、食事に連れて行ったり、フットワークが軽くて、事務局から見ても「すごいな」と感心していました。

少年事件は、正直儲かる仕事ではないのですが、野口が少年事件に掛ける熱量は他の事件と明らかに違うので、「事務所の経営大丈夫かしら？」と心配になることすらあります。野口はお金が儲かるかどうかでは動かないんですよね。気持ちが動くかどうか、やりたいと思ったら儲からなくてもやってしまう、それは昔から今も変わりません。でも、そういう気持ちだからこそ続けられるのだろうなと思います。

今でも忙しくしており、遠方への出張も多くて、そうした出張が週末に入ると、ほとんど休みなしになってしまうので、こんなに仕事していて大丈夫かなと心配しています。年齢のこともあるので、もう少しセーブしてほしいと思っています。

COLUMN

# 少年と、事件と、ひたすら向き合う
## ——秋山侑平弁護士から見た野口弁護士の活動

私は、野口弁護士と高校教師による不適切指導で自殺未遂をした子の代理人として、七年間以上にわたり神戸市との間で交渉、訴訟を担当しました。

もともと市役所相談で私の事務所の別の弁護士が相談を受けたのですが、学校が情報を出そうとせず、何も情報がない状態でしたし、いじめ事案のように調査を求める明確な法的根拠も乏しく、難しい案件だということで、野口弁護士にお願いして一緒に担当してもらうことになりました。高校に直談判して資料の開示を求めても黒塗りの資料しか出してもらえず、まったく話になりませんでした。野口弁護士は、「教育委員会ではなく市長直属の調査委員会を立ち上げてもらおう！」「マスコミにもどんどん発信していこう！」と積極的に提案して行動に移していきました。野口弁護士の働きかけもあって、調査委員会が立ち上がり、委員の人選についてもこちら側の要望を汲んでもらえました。この調査を通じてようやく事件の概要や教師の言動が明らかになったのです。事故発生からここまで二年が掛かりました。

私が依頼を受けた当時は、事故直後で憔悴していたこともあり、当事者の生徒はまともに受け答えもできず、笑顔を見せることもありませんでした。でも、調査が進んでいき、打合せ後に野口弁護士と一緒にご飯を食べに行くようになりました。野口弁護士はそのたびに「生きていてくれてよかった」「子どもが持っている力はすごい」「背が伸びたんじゃないか」と彼に話していました。子ども自身の立ち直っていく様を評価しているんだなと感じました。その子も年々明るくなっていき、事故の後遺症で諦めてしまった夢の代わりに目指すものも見つかり、今はその分野で働き、バリバリ活躍しています。野口弁護士のように子どもを一人の人間として尊重しながら付き合っていく、成長していく姿を横で励ます、そういうことができる人は少ないと思います。

そして、諦めない姿勢がすごい。普通の弁護士なら事件の筋を見たら「最後こうなるよね」と安易に予測してしまう事件でも、「裁判を起こす前に民事調停を起こして相手と話してみよう！」とか、「もう一回裁判官を説得するために書面書いてみよう！」と労力を惜しまずに行動するんです。この全力で取り組むエネルギーは弁護士一年目とか二年目に匹敵すると思うんですが、この若手が「とにかくやってみよう!」とがむしゃらに取り組むことをあのキャリアでやっているのがすごいと思います。

野口弁護士は、裁判所や行政の対応について「けしからん」とよく言うのですが、「正しいことをやっていたら応えてくれる」と信じているからこそ、こうした不満が出てくるのだと思います。自分なんかは「いくら言っても響かない人たちだよね」と見切りをつけてしまいがちなので、野口弁護士のこうした姿勢には頭が上がりません。これだけ長いキャリアをお持ちなのだから、何度も裏切られたり、落胆したりしてきたはずですよね。いい思いをする経験よりしんどい思いをすることの方が多かったはずなのに、「頑張ろう!」といつも前向きに取り組んでいる。多くの弁護士は、多忙な中、コスパやタイパをどこか頭のすみに起きながらそれぞれの事件に取り組んでいると思うのですが、野口弁護士はそういう概念をまったく度外視して活動されている。「この事件を何とかしたい」という思いで動いている。そして、それを他人には強要しないというところも野口弁護士の人となりが表れていると思います。

COLUMN

# 未来への架け橋

## ――羽柴修弁護士から見た野口弁護士の活動

野口さんは刑務官の仕事に就いた後で弁護士になっているから、私より少し遅れて弁護士になっている。僕の後輩だけど僕より年齢は二～三歳上だったんじゃないかな。野口さんは弁護士になった当時から、小さい自分の子どもより少年事件や保護司活動などを一生懸命に取り組むもんだから、つい心配になって「自分の子どもの面倒もちゃんと見てるんですか？」と聞いたこともあった。だけど、彼の息子も学生の頃に丸刈り校則に反対する運動に取り組んでいたみたいだし、今では弁護士になって野口さんと一緒に事務所を経営している。だから、最近では、ちゃんと野口さんの背中を見て育ったんだと思うようになった。野口さんは、子どもを引きずり回すのではなく、自主性を大事にしているんだよ。

野口さんは、事件が終わったあとも定期的に少年とコンタクトを取っていると聞いたことがある。少年院から出た子や家庭環境が難しい子、子ども本人だけでなく、保護者にも関わっている。僕も割と世話好きな方だと思うけど、野口さんは何人もの子の面倒を見て、どんな時でもすっ飛んでいく。とてもじゃないけど真似はできないよ。

　神戸連続児童殺傷事件では、野口さんは同事件弁護団長、私は兵庫県弁護士会同事件対策会議責任者として活動したんだけど、野口さんは一般的な刑事弁護という感じではやらない。だから、弁護団会議でも弁護士同士で意見が対立することもあったね。刑事訴訟法の手続で厳格にやろうとする弁護団員と、少年の更生を最優先で考える野口さんとで衝突したこともあった。これは野口さんだけではなく、他の弁護士にも言えることだけど、言うことを聞かない頑固なところもあるね。審判官や調査官にも徹底的に意見を言う。当然だけど少年法の改正にも強く反対していた。

　僕たち団塊の世代は、苦しい時代ではあったけど希望があった。今の子どもたちはそうではない。ＳＮＳをはじめ子どもたちを取り巻く環境は昔と大きく違う。先が見えない時代になっている。大人が貧富の差に関係なく、子どもたちを未来につなげていかないといけないと思う。野口さんは子どもたちに愛を持って接して面倒をみていくという方法で子どもたちを守っていこうとしているし、僕も憲法九条を守るという方法で、身を守る術のない子どもたちを守っていこうと思っている。

# おわりに

私は、一言にしていえば少年法のパレンス・パトリエ理論(少年のために親の手助け、親がわりをする理論)の信奉者である。ただし、私が信奉するパレンス・パトリエ理論はシカゴの少年法誕生の時期に言われたパレンス・パトリエ理論そのものではない。その時期に採用されたパレンス・パトリエ論は、厳罰主義、必罰主義に結びつくおそれのあるデュープロセス論に対抗するために借用された英国に昔からあった民事の後見理論である。そのような古い理論を根拠にせずとも、子どもは人、特に親に愛されてこそ育つという、誰もが認めるごく当り前の考えに立てば、親の愛が不足し、あるいは欠けている少年に、国や自治体が、親の手助けをし、必要な時は、親代わりをするのは当然の理である。

これが私のパレンス・パトリエ論の最大かつ根本的な論拠である。

そして、子どもを愛するということは「自分で」(自立)と「見てて」(保護)の両側面であるとすれば、パレンス・パトリエの理論は当然その二つを包摂しているのである。

大学入学以来、私が行ってきたことは、まさにこの「自分で」と「見てて」の実践である。

第1部に私の体験談が述べられているが、その中で私が少年に何かを命令したり、強制したりしていることが一つでもあったろうか。たしかに、いっしょに行い、いっしょに考えさせたことは多いがそれは頭ごなしにする警告やえらそうな助言ではない。第1部をご覧になればおわかりと思うが私は何ひとつ少年に指示をしていない。しかし、それでも少年は、少年の力で育っていくのである。

理由もきかずに、また、十分確かめもせず頭から叱りつけることなど、親として、教育者として決してやってはならない。そのことは誰しも異論はないはずである。「流山中央高校事件」最高裁決定の団藤重光裁判官がその補足意見の中で、デュープロセスへの配慮は「ひとり適正手続条項からだけのものではなく、実に法(少年法)一条の宣明する少年法の基本理念から発するものである」と述べておられるのは、まことに至言である。これをわかりやすく言えば少年法のパレンス・パトリエはデュープロセスや少年の権利擁護を当然のこととして内包しているのである。また、この子どもの権利擁護の概念も子どもの権利条約の成立とその思想の普及によって、子どもの主体性尊重の思想が中心になってくる。

このように、パレンス・パトリエは歴史の展開、子どもの権利思想の発展を踏まえて、内容は成長し続けているのである。私はパレンス・パトリエという古い名称に特にこだわっているわけではなく、子どもは罰することではなく、愛するということによって育つというごく当たり前のことを強調しているにすぎない。神戸市の教育界には、「人は人によって人となる」という標語がある。私自身の言葉でより正確に表現しようとするならば、「人は人によって愛されてこそ人となる」ということである。

ただ、私は一介の子ども好きの弁護士にすぎず、私なりに少年と精いっぱい接してきたことはあるものの少年法の研究者でもなく実務の専門家でもない。幅広く文献を渉猟したり、専門家とテーブルについて議論をした経験はなく、その能力もない。

本書の少年法に関する記述は、私の正直な感想ではあるが、科学的な検証に耐えうる自信はもとよりない。しかし、私はこの六〇年間、少年法のパレンス・パトリエの思想を実践してきたつもりであり、この少年法を守る闘いを続けてきた。このような私が、少年法とその変化をどのように体感し、どのように評価しているかを知っていただければ幸いである。

本書が子どもの幸せを願うすべての人々に、少しでも励ましとなればこれに勝る喜びはない。最近手にした。韓国の少年事件裁判官が著した チョン・ジョンホ著（斉藤豊治＝鄭裕靜監訳、菅野生実訳）『私が出会った少年について』（現代人文社、二〇二四年）を読んだところ、どこの国にも、私と同様に少年法を守ろうとする人がいると知って深く感動した。

研究者としてはまったくの素人としての私を、少年法研究の大家である斉藤豊治先生から貴重な資料をご提供いただき、ご助言をくださったことは大変な助けになり、ありがたく、光栄である。若手の付添人弁護士としてめざましい活躍をされている國富さとみ先生からは読者が本書の内容をどう受け止めるだろうかという点からたびたびご助言をいただいた。最後の校正の段階で先輩弁護士である上原邦彦氏がその抜群の国語力を駆使してお助けくださった。現代人文社の齋藤拓哉氏には原稿の清書から企画、校正まで大変な労力をご負担いただいたうえ、その時々に暖かい励ましをいただいた。本書は、この四名の方のご援助の賜であり、四名の方々に心から感謝申し上げる。

私に、多くの気づきと生きる力を与えてくれた少年たちに心から「ありがとう」と言い、世界中の子どもが安全に幸せに生きることを願いペンを置く。

二〇二五年三月三一日　野口善國

## 著者略歴

### 野口善國　のぐち・よしくに

一九四六年五月十六日、東京生まれ。一九六五年、甲陽学院高等学校卒業。一九七〇年三月、東京大学法学部卒業。同年四月、法務事務官（法務省矯正局上級職採用）。一九七三年十二月、矯正研修所東京支所教官をもって退職。一九八〇年四月、弁護士登録。一九八〇年一〇月、東京保護観察所保護司拝命、以後四〇年あまり保護司を務める。一九八八～一九八九年度、神戸（現兵庫県）弁護士会少年問題対策委員長。二〇〇四～二〇〇五年度、兵庫県弁護士会人権擁護委員会委員長。二〇一五年より、各種の学校事故（特にいじめ）の第三者委員会の委員や被害者、被害者遺族側の代理人を務める。二〇一五年度～二〇二〇年度、神戸少年鑑別所視察委員長。二〇二五年現在、学生時代から少年非行の問題に取り組み、これまで三百名以上の少年たちに接してきた。兵庫県弁護士会人権擁護委員会委員、兵庫県弁護士会子どもの権利委員会委員、神戸拘置所篤志面接委員（一九八五年拝命、神戸拘置所篤志面接委員協議会会長、近畿管内　篤面協議会副会長、全国篤面連盟常任理事）、学校事件・事故被害者全国弁護団代表、日本弁護士連合会子どもの権利委員会幹事、各種のいじめ問題調査の第三者委員会委員長又は委員。

主な著作に、『どうなる丸刈・校則』（兵庫人権問題研究所、一九九一年）、『それでも少年を罰しますか』（共同通信社、一九九八年）、『歌を忘れたカナリヤたち―子どもは必ず立ち直る』（共同通信社、二〇〇五年）、『親をせめるな―わが子の非行に悩む親たち、親を応援する人たちへのエール』（教育史料出版会、二〇〇九年）。

# 少年に付き添う人

## 「愛された体験」が少年を変える　少年法と付添人の記録

2025年4月15日　第1刷発行

著　　者　野口善國
発 行 人　成澤 壽信
編 集 人　齋藤 拓哉
発 行 所　株式会社現代人文社
160-0004　東京都新宿区四谷2-10八ッ橋ビル7階
Tel 03-5379-0307　Fax 03-5379-5388
Web www.genjin.jp
発 売 所　株式会社大学図書
印 刷 所　株式会社シナノ書籍印刷
装　　幀　竹中 尚史

検印省略 Printed in Japan　ISBN 978-4-87798-880-7 C2032